企业合规管理体系建设指南

ISO 37301:2021

标准的理解和实施

GUIDELINES FOR BUILDING CORPORATE
COMPLIANCE MANAGEMENT SYSTEM

雒宏伟　储育明　编著

图书在版编目(CIP)数据

企业合规管理体系建设指南：ISO 37301：2021 标准的理解和实施 / 雒宏伟，储育明编著. -- 北京：当代中国出版社，2023.8
ISBN 978 - 7 - 5154 - 1275 - 7

Ⅰ. ①企… Ⅱ. ①雒… ②储… Ⅲ. ①企业管理—中国—指南 Ⅳ. ①F279.23 - 62

中国国家版本馆CIP数据核字(2023)第128157号

出 版 人	王　茵
责任编辑	邓颖君　刘　照
责任校对	贾云华
印刷监制	刘艳平
封面设计	鲁　娟
出版发行	当代中国出版社
地　　址	北京市地安门西大街旌勇里8号
网　　址	http://www.ddzg.net
邮政编码	100009
编 辑 部	(010)66572744
市 场 部	(010)66572281　66572157
印　　刷	中国电影出版社印刷厂
开　　本	710毫米×1000毫米　1/16
印　　张	13.25印张　3插页　170千字
版　　次	2023年8月第1版
印　　次	2023年8月第1次印刷
定　　价	88.00元

版权所有，翻版必究；如有印装质量问题，请拨打(010)66572159 联系出版部调换。

前言 PREFACE

在我国,全面依法治国的理念已深入人心并在不断强化,同时近年来在复杂的国际局势背景下,企业合规管理也越来越受到我国政府、社会和企业的重视。一方面,政府部门通过合规管理体系国家标准、合规管理指引和合规管理办法等文件的发布,积极推动和鼓励企业通过建立合规管理体系控制合规风险;另一方面,越来越多的企业也逐渐深入认识到合规管理体系对于防控合规风险的重要性。

ISO 37301:2021《合规管理体系 要求及使用指南》国际标准(以下简称 ISO 37301 标准)的发布为企业通过建立合规管理体系控制合规风险提供了最新的管理理念、基本原则和最佳实践。为帮助企业更好地理解和实施该标准,安徽大学法学院决定成立合规管理项目团队,与 Intertek 天祥集团和国内著名的律所合作编写本书,并将本书纳入安徽大学即将出版的合规管理系列丛书。

本书是以 ISO 37301 标准为核心,在理解标准要求的基础上,结合编写者长期从事管理和合规的研究和实践经验,总结出了一套系统、科学、经济、有效地建立合规管理体系、解决企业合规管理问题的方法和技术。本书旨在为企业按照 ISO 37301 标准要求建立合规管理体系降低合规风险提供切实有效的指导,避免因为对标准理解的偏差,造成合规管理体系建设的形式主义、片面性而导致实践与理论相脱节的现象,为企业建立一个符合 ISO 37301 标准、可行有效的合规管理体系作出自己的贡献。

本书在编写过程中遵循如下原则:

第一,力求概念清晰,结构明确,突出实践和应用,满足企业对合规管理认识的需求。

第二,确保各章节和管理体系各过程之间的脉络和逻辑关系清晰,便于读者对各章节所学的知识能够融会贯通、对合规管理体系有更加全面的认知,兼顾宏观和微观层面。

第三,对于各标准条款的解析,采用过程方法和 FEMA 的分析工具,便于读者对合规管理体系各个过程的作用和管理重点有比较系统全面的理解,能够将管理体系各过程的要求有效应用在企业的各业务过程中,既有理论的深度,也有实践方面的有效性。

第四,理论联系实践,通过体系建设案例、ISO 37301 标准与《中央企业合规管理办法》的对比分析等,加强读者对 ISO 37301 标准的理解和对合规管理体系建设实操性的认知。

本书基于过程方法和风险管理的理论,对企业如何进行合规管理体系建设进行了系统的阐述和解析,主要内容有以下几个部分:

(1)合规管理体系的简介,包括:ISO 37301 标准诞生的背景、过程、意义;合规管理的基本原则、合规管理体系的框架结构、合规管理体系的运作机制;

(2)ISO 37301 标准的解读,包括:ISO 37301 标准的术语和定义的概述、ISO 37301 术语解读、过程方法和 FMEA;ISO 37301 标准主要条款的解读和过程分析;

(3)合规管理体系建设的步骤和重点关注;

(4)合规管理体系建设形成的主要文件和预期达到的效果;

(5)合规管理体系建设示例;

(6)《中央企业合规管理办法》与 ISO 37301 标准的差异和整合;

(7)合规与风控、审计和法务之间的关系;

(8)通用领域国际合规义务概述。

本书由安徽大学法学院牵头组织,雒宏伟领导的合规项目组承担主要编写任务,北京德恒律师事务所也参与了本书的编写工作。本书主要编写人员有雒宏伟、储育明、王煜卓、温春晓、范晓亮、蔡丹。

由于编写时间有限,且合规管理体系建设在全国刚刚起步,对合规管理体系标准的研究和实践还需要进一步深入和完善,尤其是全球经济、政治、监管等企业的外部环境在发生比较大的变化,如何更好建设、运行、维护并创新发展合规管理体系还需要持续深化研究,因此书中难免会有不足和尚需完善之处,欢迎广大读者提出宝贵的意见。存在的错误、问题和修改建议请反馈至本书编写团队指定邮箱 luohongwei369@163.com,以便日后进一步修改和完善。

编 者

2022 年 10 月 30 日

目录 CONTENTS

第一章　ISO 37301 合规管理体系简介 ·· 001

　　一、ISO 37301 标准诞生的背景 ·· 001

　　二、ISO 37301 标准诞生的过程 ·· 004

　　三、ISO 37301 标准诞生的意义 ·· 005

　　四、合规管理的基本原则 ··· 008

　　五、合规管理要达到的目标 ··· 013

　　六、合规管理体系的框架结构 ··· 014

　　七、合规管理体系各过程之间的逻辑关系 ··································· 015

第二章　合规管理体系的术语和分析工具 ·· 021

　　一、ISO 37301 标准术语和定义的解读 ······································· 021

　　二、合规管理体系的分析工具 ··· 033

第三章　"组织环境"的解读和过程分析 ·· 037

　　一、第 4.1 条：理解组织及其环境 ·· 037

　　二、第 4.2 条：理解相关方的需要和期望 ··································· 041

　　三、第 4.3 条：确定合规管理体系的范围 ··································· 042

　　四、第 4.4 条：合规管理体系 ··· 044

　　五、第 4.5 条：合规义务 ·· 045

　　六、第 4.6 条：合规风险评估 ··· 047

第四章 "领导作用"的解读和过程分析 ·········· 053
一、第5.1条：领导作用和承诺 ·········· 053
二、第5.2条：合规方针 ·········· 059
三、第5.3条：岗位、职责和权限 ·········· 061

第五章 "策划"的解读和过程分析 ·········· 069
一、第6.1条：应对风险和机会的措施 ·········· 069
二、第6.2条：合规目标及其实现的策划 ·········· 072
三、第6.3条：针对变更的策划 ·········· 074

第六章 "支持"的解读和过程分析 ·········· 076
一、第7.1条：资源 ·········· 076
二、第7.2条：能力 ·········· 077
三、第7.3条：意识 ·········· 082
四、第7.4条：沟通 ·········· 083
五、第7.5条：文件化信息 ·········· 085

第七章 "运行"的解读和过程分析 ·········· 090
一、第8.1条：运行的策划和控制 ·········· 090
二、第8.2条：确立控制和程序 ·········· 093
三、第8.3条：提出疑虑 ·········· 095
四、第8.4条：调查过程 ·········· 096

第八章 "绩效评价"和"改进"解读和过程分析 ·········· 100
一、第9.1条：监视、测量、分析和评价 ·········· 100
二、第9.2条：内部审核 ·········· 108
三、第9.3条：管理评审 ·········· 110
四、第10章：改进 ·········· 113

第九章　合规管理体系建设过程和预期成果 ·················· 117
　　一、合规管理体系建设的步骤和重点关注 ················ 117
　　二、合规管理体系的主要文件和预期效果 ················ 119

附录一　合规管理体系建设示例 ·························· 123

附录二　《中央企业合规管理办法》和 ISO 37301 标准的差异和整合 ········ 146

附录三　合规与风控、审计和法务之间的关系 ················ 176

附录四　通用领域国际合规义务概述 ······················ 182

参考文献 ··· 199

第一章

ISO 37301 合规管理体系简介

一 ISO 37301 标准诞生的背景

合规是最近几年才出现的一个新的名词,合规到底是什么?如何进行合规管理?这些问题在过去并没有引起太多人的重视。但是随着中兴通讯股份有限公司(以下简称中兴通讯)被美国政府部门处罚和在美国法院败诉事件的发生,使得企业合规问题在国内受到了空前的高度关注。中兴通讯因为违反美国的《出口管制条例》在 2017 年和 2018 年两次分别被美国监管机构处罚 8.9 亿美元和 14 亿美元。该事件的发生及其带来的重大影响使业界愈加认识到合规对一个企业生存发展的重要性以及合规管理的复杂性。企业负责人和合规主管部门都希望能够控制合规风险,也清楚地认识到合规的重要性,强调合规是底线、合规是企业生存发展的基石,不希望发生违反合规的事件。但是重大的违反合规事件还是层出不穷,比如阿里巴巴集团因为违反《反垄断法》被处罚 182 亿元,滴滴出行因为严重违法违规收集使用个人信息问题而导致 App 被下架。我们不禁要问,真的是这些企业不重视合规管理吗?真的是这些企业的合规管理水平很差吗?但是我们不得不承认,发生这些严重合规事件的企业都是一些非常知名的企业,甚至是行业龙头企业,甚至是合规管理的典范和标杆企业,其中中兴通讯还是 GB/T 35770—2017《合规管理体系 指南》的主要参与编写单位。那为什么还会发生这么严重的合规事件呢?其实合规管理并不像很多人想象得那么简单,也并非像很多人想当然认为的那样只要严格按照法律法规做就行了。究其原因,我们认为主要有以下三个方面:

(一)繁多的合规义务

ISO 37301 标准给出了合规义务的定义:

合规是指"履行组织(3.1)的全部合规义务(3.25)";

合规义务是指"组织(3.1)强制性地必须遵守的要求(3.14),以及组织自愿选择遵守的要求";

要求/需求是指"规定的、不言而喻的或有义务履行的需求或期望"。

从上述定义可以看出,合规义务不但包括强制性的成文法律法规和标准规范、不成文的社会文化、价值观和道德准则,还包括组织自己选择要遵守的要求,如自己的对外承诺,与监管机构、社会团体签订的协议等。各级政府为了促进经济和社会的发展、改善营商环境,致力于建立和维护开放、透明、公平、公正的法治社会,不断出台和完善法律法规以及各项标准和规范,使得企业的各项产品、服务和活动涉及的场所与设施等都会或多或少受到相应约束。仅中国发布和实施的成文法律法规和标准规范就有十几万个,每个法律法规和标准规范中又有若干个合规义务。如果企业有在境外经营的活动或销售的产品,所涉及的境外法律法规和标准规范同样是企业要遵守的合规义务,而且上述国内外法律法规与标准规范还在不断地增加或修订。如果再加上那些不成文的社会文化、价值观和道德准则以及自身的承诺,这些合规义务实在繁多,企业没有能力也不可能投入过多的资源以及时地识别所有的合规义务,也不可能将所有的合规义务都制定措施贯彻落实,所以存在不合规的问题在所难免。

(二)多国政府通过规定倾向性的合规义务规则打击竞争对手

企业总是期望有一个公平、公正和透明的商业环境,期望相关的合规义务和合规风险是稳定和明确的。但在现实中,一些国家政府和监管机构通过制定和修改规则的权力,使用有选择性的强力执法手段,利用合规问题处罚打击竞争对手国家的一些支柱或重要企业,以达到打击或削弱竞争对手并获取相对竞争优势的目的。而这些被打击的企业,动辄就被处以数亿美元、数十亿美元甚至是数百亿美元的罚款。这些年,在美欧之间,一些重大的合规事件此起彼伏。下面我们就列举几个案例加以说明:

◇ 2016年3月,因"尾气门"事件,大众公司宣布与美国政府达成协议,大众公司认罪并同意向美国政府支付43亿美元,其中包括28亿美元的刑事罚款和15亿美元的民事赔偿。此外,根据大众公司与美国政府达成的理赔协议,针对违规柴油车总计需赔偿车主、经销商、美国各州逾175亿美元,大众公司在美因"尾气门"事件直接导致的损失金额高达218亿美元。

◇ 欧盟委员会2016年8月做出裁定,认为苹果公司在爱尔兰获得非法税收优惠,需向该国补缴最高达130亿欧元(约合145亿美元)的税款。

◇ 2016年9月16日,美国司法部要求德意志银行支付140亿美元(约合125亿欧元)的天价罚款,就出售抵押贷款支持证券(MBS)的调查达成和解。在一些业内人士看来,这张天价罚单更像是美国财政部针对欧盟此前要求苹果公司补缴145亿美元税款所采取的报复性措施。

◇ 2018年5月25日,欧盟酝酿两年之久的《通用数据保护条例》正式施行,成为迄今为止全球围绕个人数据保护问题所制定的最严厉法规。《通用数据保护条例》规定:企业违反条例的相应规则将被处以1000万欧元或全球年营收2%的罚款,取两者间较高者征收;若出现"严重违规"的行为,罚款标准则将分别提高到2000万欧元或4%,同样取两者间的高者。到目前为止,Facebook公司因违反《通用数据保护条例》被罚款2.7亿美元、亚马逊公司被罚款7.46亿欧元、谷歌公司被罚款2.5亿欧元。

在中美之间,合规问题引发的事件也是频繁发生,例如:

◇ 2015年,根据中国发改委公布的处罚公告,高通公司因违反中国反垄断法,被罚款9.75亿美元(约合61亿元人民币)。

◇ 中兴通讯因在2010年1月至2016年3月期间,向朝鲜和伊朗出口装有原产美国的通讯装备,违反了美国的《出口管理条例》和《伊朗交易与制裁条例》。中兴通讯的设备所使用的零部件中有25%到30%是由美国公司提供的,其中包括网络设备和智能手机。2017年3月,中兴通讯向美国政府支付了约12亿美元的罚金,结束了美国对中兴通讯的调查并达成和解。但是在2018年4月16日,美国商务部又指称,中兴通讯在过去给美国商务部的函件中存在虚假陈述,违反了2017年与美国政府达成的和解协议,进而激活了为期7年的拒绝令处罚。对于严重依赖从美国进口芯片等元器件的中兴通讯来说,上述处罚直接导致了公司的生存危机,使之成为中美贸易摩擦的牺牲品。

从以上案例可以看出,合规问题的复杂性,使得一些大公司,特别是一些行业龙头企业成为大国博弈的牺牲品。合规问题不仅仅让企业经济和声誉受损,更决定着企业的生死存亡和国家的发展。一些国家的政府和监管机构通过不断改变游戏规则、选择性执法,使得企业控制合规风险、防范合规事件发生变得更加困难。

(三)合规义务之间存在矛盾

不同国家的监管机构出于不同的政治目的,会对企业提出不同甚至完全相反的要求,使得企业无所适从,比如:

2019年11月,越南严查华为和小米公司的手机,禁售预装中国地图的手机,但作为中国公司的华为和小米不可能不支持中国的南海主张。

2021年12月,美国国会通过法律要求禁止进口所有来自新疆的产品,一些美国在华企业,例如沃尔玛、英特尔和耐克等公司公开或偷偷更换供应商,这些行为必然招致中国政府、监管机构和社会的全面反对。

对于企业而言,不合规的成本和风险是巨大的,合规非常重要,如果没有有效的合规控制措施,可能就意味着巨额的罚款甚至倒闭。但是合规管理又是非常复杂的,不同的企业对于同样的不合规行为面临的风险不同,同一个企业在不同的历史时期的同样的不合规行为产生的风险也是不同的,企业如果没有一套完善的合规管理体系动态识别、评价和控制合规风险,将会遭遇严重的合规事件,因此大企业尤其是跨国企业越来越重视合规问题和合规管理。如何提升合规管理水平、有效防范合规风险,已成为企业管理的重点和难点。

二 ISO 37301 标准诞生的过程

因为合规管理的重要性和复杂性,为满足企业对合规管理的需求,国际组织和政府相关部门认识到合规管理体系建设的重要性,致力于通过合规管理体系相关标准和指引的制定、帮助和指导企业建立合规管理体系。下面我们重点分析一下 ISO 37301 标准诞生的过程和中国国内合规管理体系发展的主要阶段:

(一)ISO 19600《合规管理体系 指南》的制定和发布

2012年10月,国际标准化组织(ISO)成立了 ISO/PC271 合规管理委员会,负责制定合规管理体系国际标准。2014年12月15日,国际标准化组织发布了 ISO 19600《合规管理体系 指南》,标志着合规管理体系建设成为各国企业一个普遍化的需求,使中国一些大企业开始关注合规管理体系的建设工作。

(二)合规管理体系国家标准的制定和发布

2017年12月29日,GB/T 35770—2017《合规管理体系 指南》国家标准也经原国家质量监督检验检疫总局、国家标准化管理委员会正式批准、发布,并于2018年7月1日起开始实施。GB/T 35770—2017《合规管理体系 指南》国家标准的发布和实施,给希望通过建立和改进合规管理体系的企业提供了全面的指南,有力地推动了中国企业的合规管理体系建设工作。

(三)两个"指引"的发布

2018年11月2日国资委下发了《中央企业合规管理指引(试行)》,明确提出了中央企业应当加快建立健全合规管理体系。紧接着,2018年12月26日,发展改革委、外交部、商务部、人民银行、国资委、外汇局和全国工商联共同制定的《企业境外经营合规管理指引》发布,该指引第一条写明"参考GB/T 35770—2017《合规管理体系 指南》"。两个"指引"的发布,从政府监管层面强调了合规管理体系建设的必要性,并实质性启动了中国企业合规管理体系建设的热潮。

(四)ISO 37301:2021《合规管理体系 要求及使用指南》正式发布

2018年年底,国际标准化组织为满足一些国际组织和企业对合规管理体系认证的需求,启动了ISO 37301的制定工作,基于最新的合规管理实践,修订并代替ISO 19600:2014《合规管理体系 指南》。2021年4月13日,ISO 37301:2021《合规管理体系 要求及使用指南》国际标准正式发布,成为合规管理标准化进程的重要里程碑,标志着企业可以通过合规管理体系的认证,对外证明其合规管理的能力,从而可以向监管机构申请减免处罚,达到尽职免责的目的。

(五)《中央企业合规管理办法》的制定和发布

2022年8月23日,国务院国资委对外发布《中央企业合规管理办法》(以下简称《管理办法》),自2022年10月1日起施行。《管理办法》不同于"指引",是监管要求,标志着建设合规管理体系成为政府部门对央企的基本要求。

三 ISO 37301标准诞生的意义

(一)ISO 37301标准可帮助企业提升合规管理水平和防范合规风险

ISO 37301标准汇集了国际上被广泛认可的合规管理理论和最佳实践,通过运用管理体系方法对合规问题和合规风险进行管理。我们在前面分析了做好合规管理工作非常困难的原因,包括繁多的合规义务、不公正的国际监管环境、合规义务之间存在冲突。因为看到合规管理的复杂性,很多人开始对合规管理水平和绩效的提升丧失信心,甚至认为是否合规、是否被处罚全靠运气。从表面上看,ISO 37301 标准虽然融合了合规管理理论和最佳实践,但是好像并不能解决这些困扰合规管理问题的外部因素。ISO 37301 标准到底起什么作用?是如何帮助企业控制合规风险的呢?

2013 年 11 月,在美国监管机构已经在调查中兴通讯违规的情况下,中兴通讯决定恢复与伊朗的交易。为规避美方监管,中兴通讯找到了一家无锡的上市公司作为隔断公司,代替中兴通讯与伊朗做出口。中兴通讯是通过国内贸易的形式,将产品卖给这家中国公司,这家公司再卖给伊朗。对美国监管机构而言,这相当于一方面谈和解,一方面顶风作案。更重要的是,中兴通讯也没有对这些执法机构的调查给予足够的重视和警惕。2014 年,中兴通讯一位高层管理人员去美国时在机场被扣下来检查,美方在与该高管同行秘书的电脑里面发现了涉及"规避方案"的两份文件,并且这两份文件最终成为美方监管机构指控中兴通讯违规的最重要的证据。

作为在国际市场上竞争的企业,特别是跨国公司,为了企业的生存和持续发展,必须客观看待合规管理的这种特性和现状,必须能够适应这种恶劣的竞争和监管环境。虽然危险无处不在,企业不可能规避所有调查或处罚,但如果能够按照 ISO 37301 标准的要求建立完善有效的合规管理体系,系统识别和评价合规风险,明白哪些不合规的风险是高的、是不可接受的,哪些不合规的风险是相对比较低的,将企业有限的合规管理资源用在高风险的管控上,可以帮助企业提升其合规管理水平,使其能够更好地防范合规风险。企业不至于在调查期间还要实施一些规避方案、在执法机构严密监视下还在继续某些明显的违规行为,也不至于出现明显的漏洞和缺陷,犯一些低级错误。这样,国外的监管机构也很难抓住证据对企业进行定罪和处罚。

(二)通过认证的企业合规管理体系可起到尽职免责的作用

企业是否已经建立了完善的合规管理体系,是否能够证明其合规管理体系的有效性,已然成为执法机构决定是否和如何对企业进行处罚或量刑的参考。我们在美国量刑委员会发布实施的《针对组织的联邦量刑指南》(The Federal Sentencing Guidelines for Organizations)、美国《反海外腐败法》(Foreign Corrupt Practices Act)、英国《反贿赂法》(Bribery Act)中可以看到相应的规定。以 1991 年由美国量刑委员会发布实施的《针对组织的联邦量刑指南》为例,该指南用于帮助联邦法官在企业违反美国法律时进行公平一致量刑,也用于评估企业合规工作以决定是否控告或起诉,以及确定罚款的性质和金额。该指南于 2004 年进行了修订,重申了企业建立有效的合规管理体系可以减轻处罚的原则,并明确指出有效的合规管理体系应当包含以下要素:(1)标准和程序;(2)监督;(3)管理者带头遵守道德合规程序;(4)教育与培训;(5)审核与监视;(6)激励与处罚;(7)响应和预防。上述原则目前也同样在我国得以适用。2021 年 6 月 3 日,最高人民检察院、司法部、财政部、生态环境部、国务院国有资产监督管理委员会、国家税务总局、国家市场监督管理总局、中华全国工商联合会和中国国际贸易促进委员会共同研究制定了《关于建立涉案企业合规第三方监督评估机制的指导意见(试行)》。该指导意见规定人民检察院在办理涉企犯罪案件时,对符合企业合规改革试点适用条件的,交由第三方监督评估机制管理委员会选任组成的第三方监督评估组织(以下简称第三方评估组织),对涉案企业的合规承诺进行调查、评估、监督和考察。人民检察院根据考察的情况,依法做出不批捕、不起诉等决定,或提出量刑建议。

ISO 37301 标准是在充分考虑了各个国家和国际组织良好合规实践的基础上制定的,完全能够符合监管机构对于完善合规管理体系的要求。该标准作为管理体系认证标准,企业可通过第三方机构依据该标准对其合规管理体系进行认证,证明其合规管理体系的符合性和有效性,可作为企业申请减轻责任、降低处罚的理由。同样,作为企业主要管理者和合规部门负责人,通过建立完善的合规管理体系并对其认真地推行,同样可以减轻个人的管理责任,避免成为企业合规事件的主要责任人。

因此,企业虽然无法避免发生合规事件,无法避免被监管机构调查和处罚,但是按照 ISO 37301 标准要求建立合规管理体系并通过第三方认证,在面临监管机构调查和处罚时,可以申请减免处罚,达到尽职免责的目的。

(三)建立合规管理体系可帮助企业有效应对合规审计和调查

企业如果能够按照 ISO 37301 标准建立和运行合规管理体系,可以使企业相关主要岗位人员明白合规管理的原则和基本要求,明白什么是正确的做法、什么是对企业有利的证据,并通过培训和体系的内审活动使其得到强化,从而使其在配合执法检查或调查方面具备一定的经验和能力,在遇到合规事件的时候不至于慌乱,甚至表现出不配合的态度或做出一些盲目对抗的举动,如拒绝提供相关证据、提供虚假证据、提供不实陈述、销毁转移关键证据,甚至通过一些不合理、不合法的合同安排制止关键信息泄露等,使得执法机构对企业缺乏信任,引来更大的质疑和调查。在面临外部调查时,企业应当考虑通过合规的方式配合调查,并尽最大可能根据当地法律提供证据进行合理抗辩，而且是否配合调查也是一些执法机构量刑的原则之一。

以中兴通讯案为例，2016年中兴通讯向美国政府提出和解，美国政府聘请第三方组织进驻中兴通讯调查，但是中兴通讯不适应这样的调查，担心泄露对企业不利的信息，所以在调查的过程中，试图隐瞒相关信息。这导致美方十分不信任中兴通讯。最终，美国政府对中兴通讯提出的3项指控中不仅包括串谋非法出口，还包括阻挠司法以及向联邦调查人员作出虚假陈述，并据此判决中兴通讯支付约8.9亿美元的刑事罚金和民事赔偿。

通过中兴通讯的案例，我们可以清晰地意识到，企业随着规模的不断扩大，其影响力也会不断增大。尤其是跨国经营，不可避免会成为执法机构关注的对象，会面临针对各种合规义务的监管。我们通过合规管理体系的建立和实施，不但可以有效防范合规事件的发生，而且可以使企业的各主要岗位人员具备必要的合规意识，了解什么是合规的操作。在面对具体问题时，能够从容应对，避免损失扩大化，不至于像中兴通讯在合规审查程序中连续犯下错误，最终招致美国政府的处罚。

中兴通讯案件为已经走出去以及将要走出去的企业敲响了警钟，使得合规问题成为所有已经走出去和将要走出去企业亟待解决的问题。我们相信随着 ISO 37301 标准的发布实施，企业会越来越重视合规管理体系建设工作，按照 ISO 37301 标准建立的合规管理体系也将会成为越来越多企业的必然选择。

四 合规管理的基本原则

ISO 37301 标准是合规管理的最新理念、基本原则和最佳实践与 ISO 管理体系方法的有效结合。ISO 37301 标准的框架以及大部分条款和要求与 ISO 其他管理体系（如质量管理体系、环境管理体系等）要求是相同的，真正有差异的是合规管理的原则与质量管理以及其他管理的原则的不同。这些基本原则融入了标准条款要求之中，只有正确地理解合规管理的基本原则，才能正确理解 ISO 37301 标准的要求，才能确保企业建立的合规管理体系的符合性和有效性。

ISO 37301 标准在其合规管理体系要素中明确了其六大基本原则，即诚信、良好治理、匹配、透明、问责和可持续。为了更好地理解这六个基本原则，我们需要从管理的更深层进行分析。

从本质上来说,一个企业要想生存和发展,需要在资源有限的情况下平衡对企业最重要的相关方的利益,最大限度地满足这些相关方的要求和期望。对企业非常重要的六大相关方包括:顾客、周围社区、员工、股东、监管机构、供应商。不同的管理体系所站的角度是不同的。质量管理体系基本原则的第1条就是以顾客为关注的焦点,强调要站在顾客的角度去设计、开发和生产产品或提供服务,识别并超越顾客的需求和期望。质量好不好,不是企业自己说了算,有的企业花费巨资研发的新产品,使用了很多专利,有一些自认为非常酷炫的功能,但是在投放市场后却销量平平,因此质量管理要站在顾客的角度上考虑问题。随着人们环保意识的日益增强,社会各界越来越关注环境保护问题,我们会发现一些重要且必需的环保项目如垃圾焚烧发电厂、污水处理厂,以及一些重要的基础设施如变电站、通信基站等选址也越来越困难。虽然这些设施建设符合国家标准、排放也满足法律法规要求,但是仍然被周围居民投诉和排斥。究其原因,达标排放和符合法规不代表对周围社区没有影响,因此企业不能满足于达标排放。企业的环境管理要站在受到企业的环境因素影响的周围社区的角度上,管理环境问题、识别环境因素、评价并控制环境影响;职业健康安全管理要站在受工作环境影响的员工的角度上,关注工作环境中对员工的健康和安全造成影响的危险源和风险;资产管理要站在资产所有者——股东的角度上,关注投资回报率、资产收益率。以上是站在不同主体的角度考虑特定领域的管理问题,与本书主题相关的问题在于,合规管理要站在谁的角度上考虑。

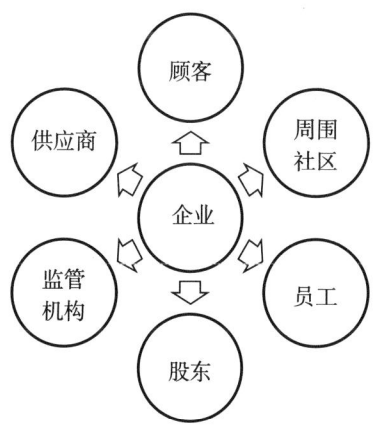

图1　企业的六大相关方

实际上,合规义务是监管机构用于管理国家、行业和市场的工具。监管机构肩负着维护和推动国家、行业和市场健康发展的使命和责任,必须借助一些规定和要求对相关领域进行规范和管理。合规义务以现行有效的法律法规为依据,而法律法规以确定性和稳定性为基本特征,对于复杂多变的现实情况不免会有挂一漏万的情形。与司法机关所不同的是,监管机构在法律授权的范围内享有更多的自由裁量权,并具有更大的主动性,以更有效地应对复杂多变的现实情况。因此,基于监管机构要求的合规义务就相应变得更为复杂。

随着我国社会市场经济的快速发展和国际环境的复杂变化,一些法律法规具有一定的滞后性,如果予以机械和僵化的适用,将有可能压抑市场的创新。也有一些行为,虽然法律法规尚没有进行明确规定,但是不利于国家、行业或市场的发展,监管机构依据法律授权行使自由裁量权对其采取处罚措施,以树立行业规范和维护市场秩序。同时,监管机构从自身的责任出发,从维护国家、行业或市场的整体利益角度出发,对一些虽不符合现行规定,但不违反法律基本原则,也有利于国家、行业或市场的整体利益,且未造成负面后果的行为没有主动采取处罚措施。如阿里巴巴公司经营淘宝网站时,在没有银行支持也没有支付牌照的情况下推出"支付宝"作为交易的金融中介。但监管机构并未立即以不合规为由对阿里巴巴公司进行处罚,而是将其作为一种市场创新和尝试,并以此为契机,推动了非银行支付机构法律法规的完善。在时机成熟后,监管机构依法向支付宝、银联商务、财付通等非银行支付机构发放了支付牌照,这最终被证明是深化改革、促进社会主义市场经济的有益创新。相反,是滴滴公司为了获得更高的股价在美国上市。虽然国内没有法规规定不允许中国的平台公司在美国上市,也没有上市前必须经过政府部门批准的规定,但是滴滴公司具有特殊性,其数据库中含有大量的测绘许可层级较高的中国国内地图和交通运输数据信息,这些数据信息一旦流出,很可能会对国家安全造成不利影响。而美国《外国公司问责法案》要求企业上市三年内需要向美国公众公司会计监督委员会提供审计底稿,否则可能会被强制退市。含有上述数据信息的审计底稿是否要交给美国公众公司会计监督委员会还需要先进行谈判,中国的监管机构也要求滴滴公司在赴美上市前做好国内的合规工作。因此,滴滴公司在美国上市所适用的合规义务就不仅包括一般公司在美国上市的要求,还要考虑到国家和网络安全。在这种情况下,就不难理解滴滴公司在上述谈判和合规工作尚未完成就急于在美国上市后,作为国内监管部门的网络安全审查办公室依据《国家安全法》《网络安全法》,按照《网络安全审查办法》对滴滴公司进行网络安全审查。从以上分析和案例可以看出:企业是否合规、是否应受到处罚要进行综合性的考虑。而我们如果能站在监管机构的角度上考虑合规问题,将可以更加全面地进行判断。基于这个定位,就能更好理解合规管理的六个基本原则。下面本书将就这六个基本原则分别进行阐述。

(一) 诚信

诚信二字,其本身是一个道德范畴,"诚"字最早见于《左传》:"明允笃诚",疏云:"诚者,实也"。而对于"信"字,在《说文解字》中认为"人言为信",因此"诚信"是指诚实守信。合规管理的第一个基本原则是"诚信"的原因,我们可以从监管机构的角度去理解。作为监管机构而言,其监管的目的是让国家、行业和市场得到良好发展,需要制定并利用规则。但是有些规则因为时代的发展而跟不上社会的变化和需要,对于这些规则的不合规,监管机构并不愿意进行调查和处罚,就如在设立支付宝之时,明知道没有支付牌照是违规行为,但是监管机构从保护创新的角度出发并没有处罚阿里巴巴公司。同时,一些规则为应对现实需要而制定,具有一定的滞后性,也存在有些领域还没有制定规则的情形。虽然对上述领域,监管机构已经从国家、行业或市场利益的角度提出了要求,但是一些企业从自身利益角度出发,阳奉阴违,造成严重后果,使得监管部门非常被动,企业也因此受到严厉处罚。上文所述的掌握海量中国国内地图和交通信息数据的滴滴公司,不顾监管部门劝阻执意赴美国上市案就是典型的例证。

总之,作为企业应该本着诚实守信的原则,不回避其存在的合规问题,主动与监管部门进行汇报和沟通,对于监管部门的要求和期望也能够积极响应,使监管机构和企业之间保持充分的沟通和配合,这样才能打造一个公平、公正、透明和健康的商业环境,符合国家、行业和市场的利益;同样监管机构也会考虑企业的利益和发展需要,这才是合规管理的最佳状态和模式。

(二) 良好治理

与其他管理体系通常的组织架构相比,合规管理体系在"最高管理者"上面增加了"治理机构",并突出强调了合规团队的独立性,如在 ISO 37301 标准第 5.1.3 条中指出合规职能团队可以直接联系治理机构,其目的在于:在强调最高管理者的领导作用和确保合规原则实施的承诺的同时,增加了对最高管理者的监督。同时 ISO 37301 标准第 5.3 条明确了治理机构、最高管理者、合规团队、管理者和人员在合规管理方面的职责,在明确合规职能的重要角色和职责的同时,强调了包括各级管理者和人员的全员参与的重要性。这样的治理机构也是合规管理体系能够有效运作的基本保障。

(三) 匹配

我们虽然强调合规的重要性,但也在强调质量、环境、职业健康安全以及资产管理等企业管理其他方面的重要性。对于任何一个企业而言,合规只是企业管理的一个方面,而非成立企业的目的。企业实施合规管理,是为了更好地、更长久地生存和发展。随着出台的法律法规的日益增加,企业需要承担的合规义务也会越来越多。但企业的资源不是无限的,也不可能将拥有的所有资源都用于合规管理。因此,为了提高合规管理的有效性和效率,需要从监管机构的角度,对合规义务产生的合规风险进行识别、分析和评估,并根据结果排列先后顺序,为资源分配和合规管理体系的设计和改进提供依据。这里提到的匹配原则,指的是合规管理应与合规风险相匹配,如果合规风险高,那么合规管理的投入就大;反之,合规风险低,合规管理的投入就小,甚至是维持或降低原有措施。对于合规管理,不是一味地强加投入,只做加法,而是要充分考虑匹配的原则,适时做减法,合理使用资源,使合规管理投入和措施的力度与合规风险相匹配。

(四) 透明

透明是指企业应该通过制定方针、培训、领导层的以身作则等方式明确告知员工在合规方面的态度和要求、应该怎么做以及不符合或不合规将会受到什么样的处罚,以此将合规植入企业文化以及员工的意识、行为和态度中,使员工自觉合规。另外企业的合规义务繁多,增强合规信息的透明性,及时检查、审计、报告合规信息是震慑、发现和应对不合规或不符合的有效手段。通过举报不合规行为、调查不符合或不合规事件、报告不符合或不合规信息,使得不符合或不合规引起企业的重视,从而采取措施进行控制或处理,降低合规风险。ISO 37301 标准中对合规信息的报告也做出了明确的要求和规定,通过各种渠道的及时反馈,可以让高层管理者、监管机构了解企业存在的问题,以促进企业及时改进。

(五) 问责

问责,也就是建立明确责任并追究责任机制。对于企业而言追究不合规行为的责任是一种态度。企业要明确其对待不合规行为的态度,无论是领导层还是各级员工,都需要深刻理解自身的合规责任。同时,"问责"这一原则更为强调的是对于发生的不合规行为,要明确责任进行相应的处罚,以表明企业对不合规行为零容忍的态度。

(六) 可持续

ISO 37301 标准的引言中提出:"合规是一个持续的过程。"合规管理体系与其他管理体系是一致的,是一个动态变化的过程。标准引言中的合规管理体系要素图清晰描绘了合规管理体系是按照 PDCA 循环——Plan(策划)、Do(执行)、Check(检查)和 Act(改进)——达到持续改进的目的。合规管理不是一次性的。企业的内外部环境和相关方,尤其是监管机构的要求会一直处于变化之中,这样合规义务和合规风险也会一直处于变化之中,那么合规风险的控制措施也要随之变化。因为监管机构的态度、重点和要求在变,所以对于同样的不合规行为,不同企业面临的风险也会不同;同样的不合规行为在不同的历史时期和企业的不同发展阶段,引起的合规风险也是不同的。企业要建立一个动态的、可持续改进的机制,根据内外部环境的变化导致的合规义务和风险的变化,重新制定或调整控制措施,变更合规管理体系,实现可持续合规。

合规管理的这六项基本原则,是 ISO 37301 标准制定的核心理念和重要依据。这六大原则为合规管理体系的建立明确了重点要求和正确的方向。其中"诚信"是企业的价值观,是获取监管机构认可的最基本的条件,也是企业建立合规管理体系的基础;"良好治理"是合规管理体系有效运作的组织保障;根据合规风险的大小确定合规措施的力度和投入资源的多少,使合规管理投入与合规风险"匹配",以提高合规管理的有效性和效率;"透明"是帮助企业员工确立正确的价值观和行为规范,使其自觉合规并及时发现和举报不合规的行为,便于企业高层及时采取措施修补漏洞;"问责"追究机制的建立表明企业对不合规零容忍的态度,震慑不合规的行为,强化合规意识;"可持续"强调企业要建立可持续的机制,根据内外部环境和相关方要求的变化及时更新合规义务、评估合规风险、修订合规风险控制措施,确保合规管理的动态适应性以及合规管理和合规绩效的持续改进。合规管理这六大原则贯穿于整个 ISO 37301 标准之中,在标准中的各个条款中都得到充分的体现。

五 合规管理要达到的目标

ISO 37301 标准明确了合规管理要达到的目标,包括:诚信、文化、符合、声誉、价值和道德规范六个方面。"诚信"是相关方对企业合规的感知,"文化"是企业合规的内在表现和素养,"符合"是企业合规的外在表现,"声誉"是企业合规保护和产生的无形资产,"价值"是企业合规的最终目的,"道德规范"是企业合规的社会责任。这六个方面的改进和提高,是企业合规管理有效性的体现,也是企业合规管理追求的目的和目标。

六 合规管理体系的框架结构

ISO 37301 标准的要件和过程很多,各个要件和过程之间紧密联系、共同作用,运用系统的方法管理合规问题。单纯理解标准的字面含义是片面的,只有理解这些要件和过程以及这些要素和过程的逻辑关系,才能更好地理解标准要求。在 ISO 37301 标准的前言中给出了"合规管理体系要件图",如图 2 所示。

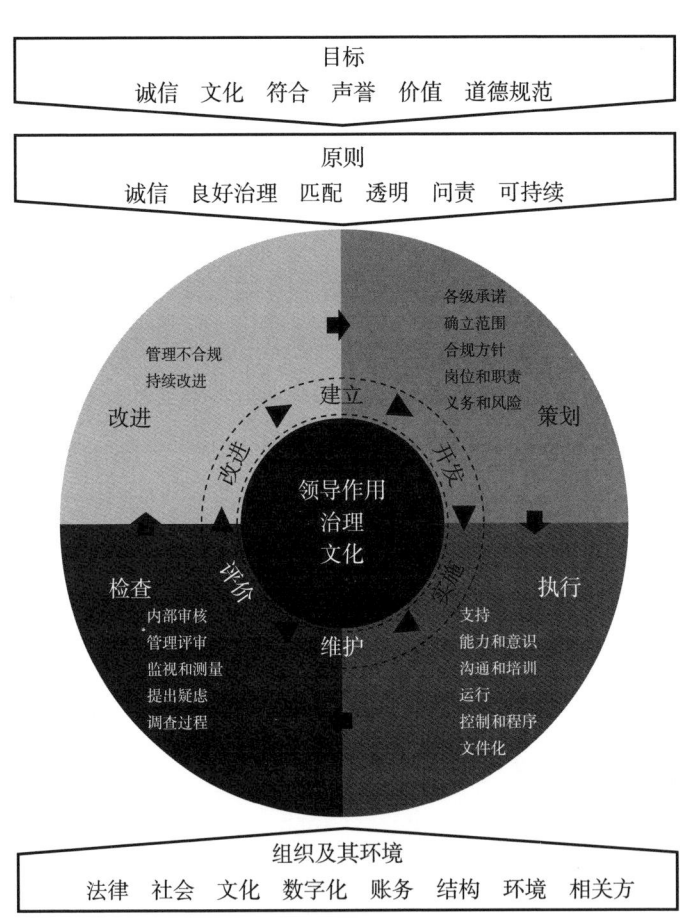

图 2　合规管理体系要件图

该要件图展示了合规管理体系的主要要件及要件之间的关系:

组织的目标是合规管理体系建立的目的和出发点,这些目标包括诚信、文化、符合、声誉、价值、道德规范这六个方面。体系的建立遵循合规管理的六大原则,在对组织环境、相关方要求识别的基础上,确定组织合规管理体系的范围。按照良好治理原则策划、执行、检查和改进合规管理体系。由治理机构和最高管理者为组织的合规管理体系确定合规方针,作为合规管理的基本政策指导合规管理的各项工作。识别与组织活动、产品和服务有关的合规义务,并对满足合规义务存在的合规风险进行识别、分析和评价,将组织的合规风险排列优先顺序。针对评估出来需要应对的合规风险制定控制措施,并建立合规目标以及确保目标达成的实施方案,这就是图2中的策划部分。组织策划满足合规义务的必要过程,将确定的风险控制措施整合进入这些过程(包括外包过程)实施,建立必要的程序,并为实施提供资源、确保人员的能力和意识,建立沟通和必要的文件化信息,这就是图2中的实施部分。对合规义务的履行情况、合规风险控制的有效性以及目标达成的情况等进行监视、测量、分析和评价,对合规管理体系进行内部审核和管理评审,从而发现存在的不符合、不合规和改进机会,这就是图2中的检查部分。针对不符合和不合规,分析原因制定纠正措施。对于改进机会,制定措施加以利用,确保体系的持续改进,这就是图2中的改进部分。

整个体系是一个PDCA循环,即策划(Plan)、实施(Do)、检查(Check)、改进(Act)。合规管理体系以领导作用、治理和文化为核心,其有效运作需要有最高管理者的管理承诺、良好治理和合规文化作为保障。

该要件图虽然展示出了合规管理体系的主要要件和要件之间的关系,但是比较简单和笼统,并没有全面展示合规管理体系各过程之间的逻辑关系。

七 合规管理体系各过程之间的逻辑关系

为了帮助企业更好地理解ISO 37301标准要求,尤其是理解合规管理体系各个过程之间的逻辑关系和体系的运作原理,建立符合标准要求并且能够有效运行的合规管理体系,本书在对标准中的"合规管理体系要件图"和标准要求分析的基础上,绘制了合规管理体系各过程之间逻辑关系图,并且对该逻辑关系图进行详细的分析和解释。

首先,对合规管理体系各要素之间的逻辑关系进行如下分析:

◇ 第4.3条:当确定范围时,组织应考虑第4.1条中提及的内外部事项;第

4.2、4.5和4.6条中提及的需求。因此,确定合规管理体系范围时,考虑的因素包括:组织及其环境、相关方的需要和期望,合规义务以及合规风险。

◇ 第4.5条中合规义务是指"组织(3.1)强制性地必须遵守的要求(3.14),以及组织自愿选择遵守的要求",组织的合规义务最明显是来自组织所处的法律和监管环境,即第4.1条中的组织的环境;同时,第4.2条中相关方的需求,也是合规义务的来源,所以合规义务的识别要基于企业内外部环境分析以及对相关方需求识别的基础上。

◇ 第4.6条第2款:"组织应通过将其合规义务与活动、产品、服务以及运行的相关方面关联,来识别合规风险"。因此,合规义务是合规风险评价的基础。

◇ 第5.1.1条:"治理机构和最高管理者应通过以下方面证实其对合规管理体系的领导作用和承诺:确保合规方针和合规目标得以确立,并与组织的战略方向一致";第5.2条:治理机构和最高管理者应确立合规方针:包括满足适用需求的承诺,以及持续改进合规管理体系的承诺;第5.3.1条:"治理机构和最高管理者应确保在组织内分配并沟通相关岗位的职责和权限";第5.3.2条:"合规团队应负责合规管理体系的运行";第5.3.3条:"管理者应通过以下方式对其职责范围内的合规工作负责:配合和支持合规团队,并鼓励人员也这么做;确保在其控制下的所有人员都遵守组织的合规义务、方针、过程和程序"。这些都是对组织良好治理原则的要求和体现。治理机构最高管理者应确保合规方针和合规目标的制定、职责的分配、管理体系的建立和良好治理原则的实施。

◇ 第6.1条第1款:"在策划合规管理体系时,组织应根据4.1提及的事项和4.2提及的需求,并确定需要应对的风险和机会",第6.1条第2款:"在策划合规管理体系时,组织应结合:其合规目标(见6.2),经识别的合规义务(见4.5),合规风险评估结果(见4.6)"。因此,第4.1、4.2、4.5、4.6和6.2条是确定组织需要应对的合规管理体系风险和合规风险的考虑因素,合规风险的应对措施主要针对的是已识别和已评价出的需要应对的合规管理体系风险和合规风险。

◇ 第6.2条第2款"合规目标应:a)与合规方针一致"。

◇ 第 8.1 条："为满足要求和实施第 6 章确定的措施,组织应通过以下方式策划、实施和控制所需的过程:对过程确立准则;按照准则对过程实施控制。"运行过程的策划和实施要考虑组织的合规义务的落实和影响满足合规义务的合规风险的控制,这是运行控制的总则。

◇ 第 8.2 条："组织应实施控制以管理其合规义务和相关合规风险。应对这些控制进行维护、定期评审和测试,以确保其持续有效"。第 8.1 条是落实第 6.1 条评价出的重大合规管理体系风险和合规风险以及目标实施方案,第 8.2 条是落实识别出的合规义务和相关的风险控制措施,要求建立必要的程序和文件化系统。

◇ 第 8.3 条："提出疑虑"明确报告过程,以及第 8.4 条"调查过程",是控制合规风险的另一种方式和手段。

◇ 第 9.1.1 条第 1 款："组织应对合规管理体系进行监视,以确保实现合规目标"。第 9.1.2 条："组织应确立、实施、评价和维护能够使其从多种渠道寻求并获取合规绩效反馈的过程",第 9.1.3 条："组织应开发、实施和维护一套适当的指标,以帮助组织评价其合规目标的实现情况并评估合规绩效",从中可以看出第 9.1 条的监视、测量、分析和评价是针对合规管理体系及其主要过程和结果的。

◇ 第 9.2 条："组织应在策划的时间间隔内实施内部审核,以便为合规管理体系提供以下信息:a)是否符合:1)组织自身对合规管理体系的要求;2)本文件的要求。b)是否得到了有效地实施和维护。"内部审核是针对整个合规管理体系符合性和有效性的评估。

◇ 第 9.3.1 条："治理机构和最高管理者应在策划的时间间隔内对组织的合规管理体系进行评审,以确保合规管理体系持续的适宜性、充分性和有效性"。管理评审是针对整个合规管理体系适用性、充分性和有效性的评审。

◇ 第 10.1 条："组织应持续改进合规管理体系的适宜性、充分性和有效性",第 10.1 条可视为持续改进的总体要求。

◇ 第 10.2 条对于监视、测量、分析和评价,内审和管理评审中发现的不符合、不合规和改进的机会制定纠正措施。第 10.2 条的实施也是以第 10.1 条的要求为基础的。

◇ 第 7 章是整个合规管理体系的支持性过程，包括第 7.1 条资源、第 7.2 条能力、第 7.3 条意识、第 7.4 条沟通和第 7.5 条文件化信息。

因此，根据以上对合规管理体系各要素之间的逻辑关系的分析，我们绘制了合规管理体系各过程之间的逻辑关系图，如图 3 所示：

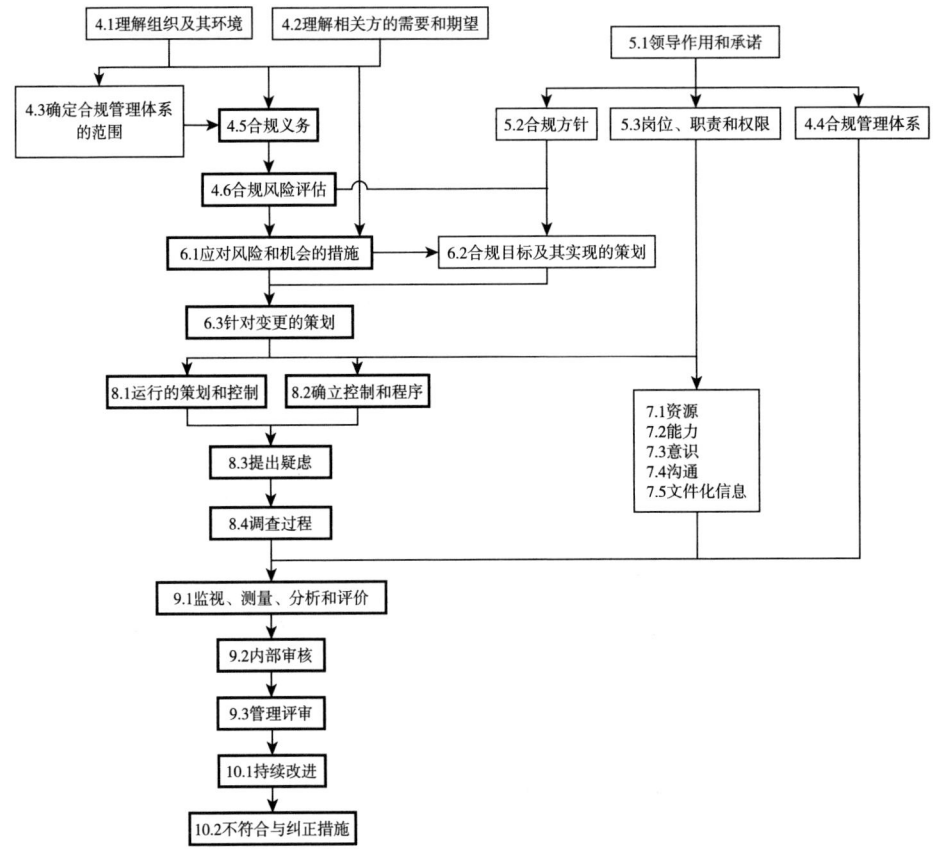

图 3　ISO 37301:2021 合规管理体系各过程之间的逻辑关系图

对该逻辑关系图，我们的解释如下：

(1)合规义务(第 4.5 条)和合规风险评估(第 4.6 条)共同成为合规管理体系的核心和基础。

整个合规管理体系是基于合规义务和合规风险进行策划、实施、保持和改进的。识别组织的合规义务，并且满足合规义务是合规管理体系的目的。有些合规义务可以通过在组织的业务活动中进行直接落实，但是有些合规义务的履行存在一定的难度，比如受到利益、不确定性的影响,也就是存在合规风险。不同合规风险的风险等级不同,有些会造成严重的后果,如受到行政处罚、财产损失、信誉损失等,需要有针对性地制定控制措施。对于企业而言,合规风险可能很多,但是企业资源是有限的,为了提高合规管理体系的有效性,就需要进行风险的评价,按风险高低排列顺序,并将其作为合规管理体系策划的基础。因此我们在策划合规管理体系时,既要考虑识别的合规义务(第4.5条),也要考虑对应合规义务存在的合规风险(第4.6条),将其共同作为合规管理体系的核心和基础。

(2)合规管理体系的一条主线和PDCA循环。

合规管理体系的建立,必然要识别合规义务(第4.5条),针对合规义务进行合规风险识别评估(第4.6条),针对评估出来的较高的合规风险,制定相应的控制措施(第6.1条),而这些较高风险控制措施的实施必然涉及体系的变更(第6.3条)。但是因为合规义务繁多复杂,不可能识别所有合规义务。全面准确识别重要合规义务(第4.5条)和评估合规风险(第4.6条)需要考虑内外部事项的影响(第4.1条)和相关方需求和期望(第4.2条),所以第4.1条和第4.2条是第4.5条和第4.6条的重要依据。(第6.1条)策划的风险措施的实施要融入组织的业务过程,作为业务过程的控制准则(第8.1条);针对更加广泛的合规义务及其相关的合规风险也需要建立相应的控制和程序(第8.2条)。鼓励员工对试图、涉嫌或实际存在的违反合规方针或合规义务的行为进行举报(第8.3条),针对发现的不合规或不符合进行调查(第8.4条)。第8.3条和第8.4条是监督第8.1条和第8.2条实施的重要手段。通过第9.1条对合规义务的符合性、控制措施的有效性以及合规绩效、合规管理体系的有效性进行监视、测量、分析和评价,对合规管理体系进行内审(第9.2条)和管理评审(第9.3条)。针对发现的不符合和发生的不合规制定措施并实施,实现持续改进(第10.1条/第10.2条)。

图3加粗的部分,是合规管理体系的一条主线,起始于对内外部事项和相关方需要和期望的分析,根据分析结果识别重要合规义务和评估合规风险,将合规义务和风险控制措施融入组织的业务过程中加以实施,并通过对合规义务落实情况和合规风险控制措施有效性的监视、测量、分析和评价,以及合规管理体系的内审和管理评审,发现问题制定措施进行改进,最终确保达到控制合规风险、满足合规义务的目的。这条主线也是一个PDCA的循环,其中第4.1、4.2、4.5、4.6、6.1、6.3条是策划阶段(P),第8.1、8.2、8.3和8.4条是实施阶段(D),第9.1、9.2和9.3条是检查阶段(C),第10.1

和10.2条是改进阶段(A)。

(3)合规管理体系的三级监控。

图3中第9.1条"监视、测量、分析和评价"是针对合规义务、合规风险控制措施、合规管理体系绩效的日常的监视、测量、分析和评价,第9.2条"内部审核"是对整个管理体系的符合性和有效性的定期评价,第9.3条"管理评审"是由最高管理者基于管理体系各方面的信息对管理体系的适宜性、充分性和有效性的评价,这是合规管理体系的三级监控,共同监控合规管理体系对于控制合规风险和履行合规义务的有效性。

(4)领导和承诺。

领导承诺主要体现在确立合规方针(第5.2条)和合规目标(第6.2条)、建立和改进合规管理体系并落实良好治理原则(第4.4条)、分配岗位、职责和权限(第5.3条)等。合规需要治理机构和最高管理者的积极承诺,这种承诺渗透到整个组织。需要强调的是,合规目标(第6.2条)的制定尤其是与绩效考核方案的整合也是推动合规管理体系有效运行的重要手段。

(5)支持性过程也是体系有效运行的保障。

合规管理体系的有效运行离不开充分和适宜的资源(第7.1条)、有能力的员工(第7.2条)、员工的合规意识(第7.3条)、必要的沟通协调(第7.4条)以及文件和记录的建立和维护(第7.5条)。

 思考题

简述题:

1. 请简述ISO 37301标准诞生的过程以及合规管理体系发展的主要阶段。
2. 请简述ISO 37301标准诞生的意义。
3. 请解释合规管理的基本原则。
4. 请简述合规管理要达到的目标。
5. 请根据合规管理体系各过程之间的逻辑关系图简述合规管理体系的运行过程。

第二章

合规管理体系的术语和分析工具

一 ISO 37301 标准术语和定义的解读

术语1：组织(organization)

【术语解释】

为实现目标(3.6)，由职责、权限和相互关系构成自身功能的一个人或一组人。

注1：组织的概念包括但不限于个体经营者、公司、集团公司、商行、企事业单位、行政机构、合伙企业、慈善机构或研究机构，或上述组织的部分或组合，无论是否具有法人资格，公有或私有。

注2：如果组织是大型实体的某个组成部分，那么，术语"组织"仅指在合规管理体系(3.4)范围内的这个组成部分。

【理解要点】

组织是合规管理体系建立和认证的主体。组织的概念在各个管理体系标准中是一致的。任何性质的组织都可以作为主体按照 ISO 37301 标准的要求建立合规管理体系并申请认证。一些较大的组织也可以选择在整个组织、组织的总部、组织的某个事业部、组织的某个下属分支机构或者限定在某些区域或某些产品相关的业务活动建立合规管理体系。

术语2：相关方(interested party)

【术语解释】

能够影响决策或活动、受决策或活动影响或自认为受决策或活动影响的个人或组织(3.1)。

【理解要点】

相关方，也称利益相关方，是相对于组织而言有相互影响的一方。

"能够影响决策或活动"的相关方是指股东、董事会、监事会、政府部门、监管机构、行业协会、顾客、合作伙伴；

"受决策或活动影响"的相关方是指员工、组织的其他部门、供应商、客户、合作伙伴等；

"自认为受决策或活动影响"的相关方是指周围社区、员工、组织的其他部门、客户、竞争对手、合作伙伴、行业协会等。

相关方可以是组织内部的,例如:组织内部的其他部门或者各级员工;也可以是组织外部的,例如:政府部门、监管机构、合作伙伴等。

随着社会的发展,相关方的影响也在不断增强。相关方的需要可能就是合规义务的一部分,同时影响到合规风险的等级,所以组织为确保合规管理体系的有效性,应该加强对相关方的识别和关注。

术语3:最高管理者(top management)

【术语解释】

在最高层指挥和控制组织(3.1)的一个人或一组人。

注1:最高管理者有权在组织内部授权和提供资源。

注2:如果管理体系(3.4)的范围仅覆盖组织的某个组成部分,那么最高管理者是指挥和控制该部分的一个人或一组人。

注3:在本文件中,"最高管理者"是指最高级别的执行管理层。

【理解要点】

最高管理者通常是指体系范围内负责经营管理的级别最高的人,如:首席执行官、总裁、总经理等。如果体系范围仅限于某个分公司或工厂,分公司的总经理或者经理、工厂的厂长就是最高管理者。最高管理者对合规管理绩效和合规管理体系的有效性负最终责任,同时有授权和分配资源的权利。

术语4:管理体系(management system)

【术语解释】

组织(3.1)为确立方针(3.5)和目标(3.6)以及实现这些目标的过程(3.8)所形成的相互关联或相互作用的一组要件。

注1:一个管理体系可能针对一个或几个主题。

注2:管理体系要件包括组织的结构、岗位和职责、策划和运行。

【理解要点】

管理体系是组织系统化管理的体现,是管理成熟程度的标志。

组织可以在某个领域建立管理体系,如质量管理体系、环境管理体系、资产管理体系、合规管理体系等,也可以将这些管理体系整合成一个管理体系。

管理体系要确保有效性,应明确方针、目标、组织架构和包含的必要的岗位,并为其分配职责和权限,为确保方针目标的实现,策划必要的活动和风险控制措施并实施。

管理体系不是各项管理活动的简单叠加,体系的各项要素和活动之间应为确保目标的实现紧密配合、协调一致。例如,企业虽然可能已经识别了合规义务、评估了合规风险、建立了合规风险控制措施、进行了合规培训以及合规审计等合规管理活动,但是这些活动是否有统一的方向和原则、合规义务是否根据内外部事项和相关方需要的变化及时更新,合规风险是否根据合规义务的变化及时评审和更新、风险控制措施是否充分可行以确保风险降低到可接受的程度、合规培训是否关注岗位的重要合规义务和重大风险、合规审计是否围绕重大风险和风险控制措施的实施,这些都是合规管理体系建设需要重点关注的问题。

术语 5:方针(policy)

【术语解释】

由最高管理者(3.3)正式表述的组织(3.1)的意图和方向。

注:方针也可以由组织的治理机构(3.21)正式表述。

【理解要点】

合规方针就是合规政策,是由组织最高管理者发布的,组织合规管理的原则和方向,明确了组织合规管理各项工作的基本原则和要求,是企业建立合规管理体系、策划和开展各项合规管理活动的重要依据和参考。合规方针同时也是合规文化的核心和具体描述。

组织不可能及时识别所有的合规义务,更不可能将所有的合规义务和控制措施整合进入组织的所有的业务活动并建立文件,所以多数情况下员工缺乏文件作为工作的依据,或者相关文件并不完善,员工如果能牢记和理解合规方针的原则和要求,将是避免不合规的重要手段。

术语 6:目标(objective)

【术语解释】

要实现的结果。

注1：目标可以是战略的、战术的或运行的。

注2：目标可能涉及不同的主题(如财务、健康和安全、环境)。它们可能存在于不同层面，诸如组织整体层面或项目、产品、服务或过程(3.8)层面。

注3：目标能够用其他方式表述，如预期的结果、宗旨、运行准则，合规(3.26)目标或使用其他有类似含义的词(如终点或指标)。

注4：在合规管理体系(3.4)中，组织(3.1)设定的合规目标与合规方针(3.5)保持一致、以实现特定的结果。

【理解要点】

从有效性的角度，做任何事情必须有明确的目标。大到企业总体、战略层面，小到部门、职能、活动、产品层面。通过目标的确定为资源投入、措施制定提供依据，也可以检验体系和措施的有效性，同时可以作为对相关部门岗位绩效考评的依据。

术语7：风险(risk)

【术语解释】

不确定性对目标(3.6)的影响。

注1：影响是对预期的偏离——正面的或负面的。

注2：不确定性是一种状态，是指对某个事件、事件的后果或可能性缺乏甚至部分缺乏相关信息、理解或知识。

注3：通常，风险以潜在事件(见ISO Guide 73的定义)和后果(见ISO Guide 73的定义)或二者的组合来描述其特性。

注4：通常，风险是以某个事件的后果(包括情况的变化)及其发生的可能性(ISO Guide 73的定义)的组合来表述。

【理解要点】

做任何事情必然有目的和目标，但存在不确定性因素而影响目的的达成和目标的实现。如果要确保目的的达成和目标的实现，就需要识别有利和不利的不确定性因素，以及由此发生的事件和可能产生的后果，这就是风险。

"风险"包括两个维度：后果和发生的可能性。可以通过分析后果和发生的可能性对风险进行排序和分级，从而确定对资源的投入和控制力度。合规管理和其他各项管理一样是建立在风险识别评价的基础上的。

术语 8：过程（process）

【术语解释】

使用或转化输入以实现结果的一组相互关联或相互作用的活动。

注：某个过程的结果是称为输出，还是称为产品或服务，取决于相关语境。

【理解要点】

过程包括输入、输出和将输入转换为预期结果的活动。一个过程的输入通常是其他过程的输出，而一个过程的输出又通常是其他过程的输入。过程可以是单一的，也可以是两个或两个以上相互关联和相互作用的连续过程。

管理体系是由相关管理过程构成的，策划、建立、实施和改进管理体系是通过策划、建立、实施和改进相关过程实现的。提升管理体系的有效性就要提升相关过程的能力和有效性以及相关过程的协调一致性。

术语 9：能力（competence）

【术语解释】

应用知识和技能实现预期结果的本领。

【理解要点】

合规管理的一些重要工作需要由具备较高能力的人员来完成。通过确定这些重要岗位的能力需求并采取措施，确保这些岗位的人员满足能力要求，是确保工作完成和目标实现的必要条件。

术语 10：文件化信息（documented information）

【术语解释】

组织(3.1)需要控制和维护的信息及其载体。

注 1：文件化信息能够以任何形式和载体存在，且来源不限。

注 2：文件化信息可涉及：

——管理体系(3.4)，包括相关过程(3.8)；

——为组织运行而创建的信息（文件）；

——实现的结果的证据（记录）。

【理解要点】

"文件化信息"包括文件和记录。文件作为活动实施的依据。组织通过制定文件控制组织活动的实施过程，以达到预期的结果。记录作为活动实施的证据，以达到控制过程、确保活动按照文件要求实施的目的，同时可以作为免责的证据。另外组织可以通过对记录的分析,发现问题并进行改进。

术语 11:绩效(performance)

【术语解释】

可测量的结果。

注1:绩效可能涉及定量的或定性的结果。

注2:绩效可能与活动、过程(3.8)、产品、服务、体系或组织(3.1)的管理有关。

【理解要点】

管理不但关注过程,更关注结果。通过对结果或者绩效的监视和测量,以及时发现问题,改进过程和措施。定量的结果,例如:完成率、满意度、处罚金额、合规事件数等。定性的结果,例如:已完成、满意、已发生等。对活动、过程、产品、服务、体系或组织的管理结果都需要进行必要的测量,而且有不同的测量方法和测量指标。

术语 12:持续改进(continual improvement)

【术语解释】

提高绩效(3.11)的循环活动。

【理解要点】

成功的组织总是致力于持续改进,通过不断地发现问题,以制定措施、实施措施、改进绩效,这是一个循环往复的过程。合规管理体系与其他管理体系一样,都是把持续改进作为基本原则。

术语 13:有效性(effectiveness)

【术语解释】

完成策划的活动和实现策划的结果的程度。

【理解要点】

有效性包括过程的有效性和结果的有效性。过程的有效性是指过程和活动是否按照既有策划实施,以及对策划的符合程度;结果的有效性是指过程和活动实施的结果与预期和目标是否存在差异、实现程度如何。在 ISO 37301 标准中,基本上各章节都提到了"有效性",例如强调了体系的有效性、措施的有效性、监视测量结果的有效性、报告制度的有效性、纠正措施的有效性等。

术语 14:要求/需求(requirement)

【标准要求】

规定的、不言而喻的或有义务履行的需要或期望。

注1：不言而喻的或有义务履行的需要或期望是指需求。其中，"不言而喻"是指组织和相关方的惯例或一般做法，不言而喻的需要或期望是不用说就明白的。

注2：规定的需要或期望是指要求，也就是符合GB/T1.1—2020中定义的要求，即表达声明符合该文件需要满足的客观可证实的准则。

注3：规定的需要或期望是指要求，例如文件化信息(3.10)中。

【理解要点】

"要求"包括三种情况：规定的、不言而喻的或有义务履行的。"规定的"是指如：协议、合同规定的，可以是形成文件或者口头约定的；"不言而喻的"是指虽然没有规定，但是作为惯例、习俗等不需要明示也应该予以遵守的内容，通常包括社会文化、价值观、道德准则等；"有义务履行的"是指带有强制性的规定，如：法律法规、标准规范等。"需要"是指规定的、必须的。"期望"是指超出规定以外的更高的要求。

术语15：符合(conformity)

【术语解释】

满足要求(3.14)。

【理解要点】

术语"符合"(conformity)，并不等同于"合规"(compliance)。"要求"包括合规义务，还可以是企业的内部规定和外部要求，但不一定都是合规义务。

术语16：不符合(nonconformity)

【术语解释】

未满足要求(3.14)。

注：不符合不一定是不合规(3.27)。

【理解要点】

不满足要求包括：不合规和不符合企业内部规定和外部要求，这些企业内部规定和外部要求不一定是合规义务。

术语17：纠正措施(corrective action)

【术语解释】

为了消除不符合(3.16)的原因并预防再次发生所采取的措施。

【理解要点】

"纠正"和"纠正措施"都需要采取措施，"纠正"针对的是不符合的结果，采取措施是为了让结果符合。"纠正措施"针对的是不符合的原因，采取措施的目的是防止不符合再次发生。

术语 18：审核（audit）

【术语解释】

获取审核证据并对其进行客观评价，以确定审核准则满足程度所进行的系统的、独立的过程(3.8)。

注1：审核可能为内部（第一方）审核或外部[第二方或第三方(3.30)]审核，也可能为多体系审核（合并两个或多个主题）。

注2：内部审核和组织(3.1)自行实施或代表组织的外部机构实施。

注3："审核证据"和"审核准则"的定义见 ISO 19011。

注4：独立性能通过对正在被审核的活动免于承担责任或无偏见和利益冲突来证实。

【理解要点】

审核是按照程序对实体是否合格进行的测定，由一系列相关的测定过程所构成。审核的基本要素包括：由对被审核实体不承担责任的人员获取审核证据，将收集到的审核证据同审核准则相应的规定和要求进行比较、分析和评价，确定满足审核准则的程度，记录评价的结果及支持性的证据等。

"系统的"是指对与审核有关的所有过程及其相互之间的关系和作用。审核是通过获取审核证据、进行客观评价、得出审核结论等一系列的过程，用于确定、分析、评价被测定的实体与规定要求的符合性。这些过程之间有非常紧密的、形成系统的逻辑关系。审核应是有序和规范的活动，对审核活动要经过策划并使之处于受控状态，以确保审核的系统性。

"独立的"是指对审核证据的收集、分析和评价是客观的、公正的，应避免各种外来因素的影响以及审核员自身因素的影响。公正性是对第三方审核的关键要求。

内部审核，有时也可称为"第一方审核"，由组织自己或以组织的名义进行，用于管理评审和其他内部目的，可作为组织自我合格声明的基础。可以由与正在被审核的活动无责任关系的人员进行，以证实独立性。ISO 37301 标准在术语"审核"的注2中指明"内部审核和组织自行实施或代表组织的外部机构实施"，其中关于"代表组织的外部机构实施"说明组织可以将其内审活动委托给具有能力的外部机构代表组织实施。

外部审核包括第二方和第三方审核。第二方审核由组织的相关方，如顾客或由其他人员以相关方的名义进行;第三方审核由外部独立的审核组织进行,如提供合格认证/注册的组织或者政府机构。

术语 19:测量(measurement)

【术语解释】

确定数值的过程(3.8)。

【理解要点】

测量,是用数据来描述观察到的现象,即对事物做出量化描述。测量是对非量化实物的量化过程。因此,测量确定的数值通常是量值。对于测量而言,需要明确测量的对象、测量的方式和方法,同时关注测量的准确度、灵敏度等。测量也可理解为监视(验证、确认)的一种具体方法。

术语 20:监视(monitoring)

【术语解释】

确定体系、过程(3.8)或活动的状态。

注:确定状态可能需要检查、监督或密切观察。

【理解要点】

"监视"是确定体系、过程或活动的实施和运行情况,以及是否按照规定的要求,从而发现有什么偏差和危险信号,以及时发现问题。监视的方式可能包括检查、监督或密切观察。在管理体系中,通常会将监视和测量放在一起,以作为绩效评价的不同方式。

术语 21:治理机构(governing body)

【术语解释】

对组织(3.1)的活动、治理、方针负有最终职责和权限的一个人或一组人,最高管理者(3.3)向其报告并对其负责。

注1:并不是所有的组织,尤其是小型组织,都会有一个独立于最高管理者的治理机构。

注2:治理机构可能包括但不限于董事会、董事会委员会、监事会或受托人。

【理解要点】

"治理机构"是合规管理体系中特别提出的术语和定义,该术语的存在充分体现了合规管理体系中"良好治理"的原则。治理机构的管理地位可以等同或高于最高管理者,对组织活动、管理和方针负有最终职责和权限。治理机构可以是人员或者团体。

"最高管理者向其报告并对其负责",说明了其对最高管理者的监督作用。

对于治理机构,从术语和定义的注解中可以看到,并不是所有组织都必须要求有与最高管理者相分离的治理机构。组织架构的设置应与组织的规模保持适宜。当组织没有一个独立的治理机构时,本标准中指定的所有涉及治理机构的需求都适用于最高管理者。治理机构可以包括,但不仅限于董事会、董事会委员会、监事会或受托人,所以其形式具有多样性。治理机构的积极参与和监督是确保合规管理体系有效性的一个重要因素。

术语22:人员(personnel)

【术语解释】

在国家法律或实践中被确认为工作关系的个人,或依赖于组织(3.1)活动的任何合同关系中的个人。

【理解要点】

组织现在的用工方式具有多样性,合规管理体系中的员工可理解为在组织业务范围内与组织具有工作关系的人,包括固定工、合同工、临时工,以及代训工或者实习生等。

术语23:合规团队(compliance function)

【术语解释】

对合规(3.26)管理体系(3.4)运行负有职责、享有权限的一个人或一组人。

注:最好指定一人负责合规管理体系的监督。

【理解要点】

"合规团队",其英文描述为compliance function。合规团队不仅包括监督全体员工,还有义务亲自或者通过第三方调查机构审查、监督潜在合作伙伴或正在合作的商业伙伴,包括投资人、供应商、经销商、服务商等。合规团队的职责是在考虑组织的内外部事项和相关方需要的基础上,组织开展合规风险评估和合规风险控制措施的制定,并开展日常监督,同时配合合规宣传培训以对公司的合规管理进行持续的合规监督与改进。合规团队除了向员工培训宣传诚信的价值观外,还应致力于向商业伙伴宣传诚信的理念与文化。履行合规团队的可以是个人也可以是团队。

术语24:合规风险(compliance risk)

【术语解释】

因未遵守组织(3.1)合规义务(3.25)而发生不合规的可能性及其后果。

【理解要点】

"合规风险"是合规管理体系中专门的术语和定义,在"风险"的术语中,我们知道风险通常以事件后果和发生的可能性的组合来表达。那么"合规风险"是专指不符合组织的合规义务带来的后果和发生的可能性,所以"合规风险"建立在组织对"合规义务"的识别和分析的基础上。合规义务和合规风险共同成为构建合规管理体系的核心和基础。

术语 25:合规义务(compliance obligations)

【术语解释】

组织(3.1)强制性地必须遵守的要求(3.14),以及组织自愿选择遵守的要求。

【理解要点】

合规义务包括强制性的要求和自愿选择遵守的要求。

强制性要求,可指外部法律法规和规则。例如,立法机关和其他有权机构发布的法律、法规、强制性标准规范,如宪法、法律、司法解释、行政法规、地方性法规、自治条例和单行条例、规章等;国际公约、国际条约或国际性法律法规;监管机构的命令、规则、指导和各项指引及规范性文件;强制性产品、设备、场所、服务标准规范;社会文化价值观、企业伦理、社会责任、道德准则等。

自愿选择遵守的要求,可指企业自行制定的内部规章制度或其选择性遵循的规则或准则。例如,企业声称产品符合某个推荐性的国际或行业标准,企业章程及规章制度和服务承诺,企业与社会团体、监管机构签订的协议等。

术语 26:合规(compliance)

【术语解释】

履行组织(3.1)的全部合规义务(3.25)。

【理解要点】

"合规"是与合规义务相关的术语。首先,"合规"是对组织全部合规义务的满足,注意这里强调了"全部",说明组织只要有一项合规义务未履行,就可被认为是不合规;其次,"合规"是对合规义务的满足,不是对"要求"的满足,"合规"并不等同"符合"。

术语 27:不合规(noncompliance)

【术语解释】

未履行合规义务(3.25)。

【理解要点】

"不合规",是与合规义务相关的术语。不合规是"未履行合规义务",所以不合规可以是单一事件也可以是多项事件。同样,与"合规"的概念一样,"不符合"不一定是"不合规"。

术语 28:合规文化(compliance culture)

【术语解释】

贯穿整个组织(3.1)的价值观、道德规范、信仰和行为(3.29),并与组织结构和控制系统相互作用,产生有利于合规(3.26)的行为规范。

注:价值观是组织所崇尚的文化的核心,是组织行为的基本原则。

【理解要点】

合规文化是组织在长期发展过程中形成的合规理念、价值标准、道德规范和行为方式。因为合规义务繁多、变化迅速,企业没有能力识别所有合规义务并采取措施落实合规义务,所以更多的是依赖员工的合规意识,能够主动识别合规义务、评估合规风险,采取措施控制风险,并落实这些合规义务,这样才能规避不合规事件的发生。如果大部分的员工都具备了合规意识,我们就可以认为企业已经建立了良好的合规文化。因此组织应制订计划,通过多种手段和方法在组织的各层级培养和提高员工的合规意识,建设、维护和推进合规文化。

术语 29:行为(conduct)

【术语解释】

影响顾客、员工、供应商、市场和社区结果的举动和实践。

【理解要点】

不当的行为会引发不符合或不合规。广泛并且自觉的合规行为是合规文化的体现。

术语 30:第三方(third party)

【术语解释】

独立于组织(3.1)的个人或机构。

注:所有业务伙伴都是第三方,但并非所有第三方都是业务伙伴。

【理解要点】

独立于组织以外的所有个人和机构均称为第三方,包括组织的商业伙伴(如顾客、供应商、合作伙伴、销售代理等)和与组织没有商业关系的其他机构和个人(如社区、行业协会、监管机构等)。

术语 31：程序(procedure)

【术语解释】

为进行某项活动或过程(3.8)所规定的途径。

[来源：GB/T 19000—2016,3.4.5]

【理解要点】

程序可理解为流程、步骤。程序可以形成文件，也可以不形成文件。

二 合规管理体系的分析工具

(一) 总则

建立合规管理体系的目的是控制合规风险，防止合规事件的发生，因此企业在建立合规管理体系时，不光要理解标准的要求，关注对标准要求的符合性，同时要关注过程的有效性。使用过程风险分析工具，理解合规管理体系每个过程在体系中的作用以及与其他过程之间的关系，围绕过程作用和目的分析影响过程能力的风险点，根据企业的具体情况在策划合规管理体系时针对这些风险点制定措施并整合到该过程的管理流程中。在理解 ISO 37301 标准要求和策划合规管理体系时，应当使用"过程方法"和"潜在失效模式与后果分析"(Failure Mode and Effects Analysis，以下简称 FMEA)。

(二) 过程方法

过程方法是将相互关联的过程作为一个体系加以理解和管理，在 GB/T 19000—2016《质量管理体系 基础和术语》中将过程方法概括为："将活动作为相互关联、功能连贯的过程组成的体系来理解和管理时，可更加有效和高效地得到一致的、可预知的结果。"

管理体系是由若干个相互关联和相互作用的过程构成的，就像一辆汽车是由若干个部件组装成的，评价一辆汽车的性能，需要检查和评价其各主要部件：发动机、变速箱、悬挂、刹车、轮胎、空调、音响等的配置参数和行使状态。只有这些部件功能强大、状态良好，整辆汽车的性能才能称为良好。但是汽车的部件再强大和优秀，如果部件之间没有进行良好的装配或调试部件之间配合不好就不能充分发挥这些部件的作用，汽车就会出现各种故障甚至无法启动。

学习合规管理体系标准的目的是建立合规管理体系来控制合规风险，从而获得更好的合规管理绩效。正确的理解管理体系标准不能靠单纯理解每个条款的字面含义，一定要从整个管理体系有效性的角度来理解每个条款（也就是每个过程）的内涵。过程和过程之间的配合都有效才能保证合规管理体系是有效的。因此我们要运用过程方法对每个条款进行分析，了解其输入和输出、过程目的、活动和接口，从提升过程有效性和过程能力的角度理解每个条款要求。这就是 ISO 组织倡导的"过程方法"。

（三）潜在失效模式与后果分析（FMEA）

FMEA 是在产品设计阶段和过程设计阶段，对构成产品的子系统、零件和构成过程的各个工序逐一进行分析，找出所有潜在的失效模式，并分析其可能的后果，从而预先采取必要的措施，以提高产品的质量和可靠性的一种系统化的活动。FMEA 是一个以结果为导向的、系统的、定性的分析方法，适用于各类型的组织。

FMEA 主要有以下方面的作用：

(1) 评估产品或者过程的潜在失效风险；

(2) 分析这些失效的原因和影响；

(3) 评估现有的预防和探测的手段是否充分；

(4) 制定措施以降低风险。

FMEA 的应用范围：

(1) 新设计、新技术或新过程。

FMEA 的分析范围是整个设计、技术或者过程。

(2) 现有设计或者过程的新应用。

FMEA 的分析范围是现有设计或过程在新环境、新位置、新应用或新工况（包括且不限于工作周期、法规要求等）中产生的影响。

(3) 修改现有设计或者过程。

目前各行各业都面临越来越多的竞争、挑战和风险，包括客户越来越高的质量要求，必要的产品和工艺成本优化、越来越高的复杂性以及对设计者和制造者产品责任的立法要求，而 FMEA 方法被广泛应用于降低风险。

FMEA 旨在"事前"预防，而不是"事后"再采取措施。为了实现价值最大化，FMEA 必须在产品或过程实施之前，失效模式潜在存在的状态下进行。

对过程进行风险分析的目的是在策划体系和过程时，能够认识到过程风险，并针对这些过程风险策划措施提高过程有效性和过程能力。虽然有很多种方法可以进行过程风险分析，但本书建议采用 FMEA 作为合规管理体系过程风险分析的工具。我们通过分析确定每个过程在合规管理体系中的作用和目的，针对过程的输入、输出、活动和资源等要素进行潜在失效模式和影响分析。这些潜在的失效模式也可称为过程风险。合规管理体系标准的要求是先进的合规管理理论和最佳实践的结合，也是针对合规管理体系及其各个过程一些重要风险提出的经广泛证实有效的控制措施。运用 FMEA 工具识别合规管理体系过程中的风险，我们就能够正确理解每个条款要求的真正含义和目的，并可以在建立体系的过程中针对这些过程风险，结合企业的情况制定合规风险控制措施、合理投入资源，确保过程和体系的有效性。

在本书中会列出 ISO 37301 标准每个条款的要求，并针对每个条款对标准要点进行解释，然后利用过程方法和 FMEA 对每个条款（过程）进行过程分析，最后针对过程分析列出的过程风险，提出在合规管理体系建设中的重点关注和措施。

思考题

判断题：

1. 组织的相关方不仅包括外部的还包括内部的。（正确/错误）

2. 合规方针是由组织的最高管理者发布的。（正确/错误）

3. "有效性"仅指结果的有效性。（正确/错误）

4. 不符合一定是不合规。（正确/错误）

5. 第三方是指没有商业关系的机构和个人。（正确/错误）

6. 第三方审核才是外部审核。（正确/错误）

7. 对于建立合规管理体系的组织而言，都必须有治理机构。（正确/错误）

8. 合规义务仅包括强制性的要求。（正确/错误）

9. "合规"是对组织所有合规义务的满足。（正确/错误）

10. 程序可以形成文件，也可以不形成文件。（正确/错误）

简述题：

1. 请简述"纠正"和"纠正措施"的区别。

2. 请解释什么是"合规风险"。

3. 请解释什么是"合规文化"。

4. 请简述什么是"过程方法"。

5. 请简述什么是 FMEA。

6. 请简述在合规管理体系建设过程中是如何应用"过程方法"和 FMEA 的。

第三章

"组织环境"的解读和过程分析

一 第4.1条:理解组织及其环境

【标准要求】

组织应确定与其宗旨相关的,并影响其实现合规管理体系预期结果的能力的内部和外部事项。

为此,组织应结合诸多事项,包括但不限于:

——业务模式,包括组织活动和运行的战略、性质、规模、复杂性和可持续性;

——与第三方业务关系的性质和范围;

——法律和监管环境;

——经济状况;

——社会、文化、环境背景;

——内部结构、方针、过程、程序和资源,包括技术;

——自身的合规文化。

【标准要点解释】

本条款的目的是协助组织对可能影响其合规管理体系的重要事项确立高层次(例如:战略性)的理解。

理解要点如下:

◇ "宗旨"(purpose)是指组织成立和存在的目的或者使命,例如,供电公司的宗旨是提供用电服务,汽车主机厂的宗旨是设计和生产汽车等。标准强调"与其宗旨相关"是指合规管理不能偏离组织的核心业务,不能无限扩大组织的合规责任,应该围绕组织的核心业务活动识别内外部事项。

比如：很多大公司都有内部食堂和运动休闲设施，但不同于对外经营的饭店和运动设施服务中心，这些方面不是考虑的主要内容。

◇ "战略"（strategy）是组织下一步的发展方向。考虑战略就是要考虑将来会面临的合规风险。比如，战略明确要求进入新的领域或者拓展海外市场，就要考虑到新的领域和要进入的国家会带来新的合规风险。

◇ "性质"是指组织可能是国有企业、上市公司、合资公司等，组织的性质不同，所面临的合规义务和合规风险也不同。

◇ "规模"是指企业的规模，同样性质和同样业务的企业，因为规模的大小不同，面临的合规风险不同，如阿里巴巴和腾讯等公司因为规模很大处于行业垄断地位，会面临更大的反垄断方面的合规风险，同时也会成为重点监管对象。而华为、中兴通讯、大疆等公司因为处于行业龙头地位，所以受到美国政府重点关注和打击。

◇ "复杂性"是指有些企业如富士康、三全等，虽然员工人数众多，但是大部分是生产一线的员工，合规风险并不多；而有的公司虽然公司规模不大，人数不多，但是业务众多，管理模式复杂，合规风险就会比较多、比较高。

◇ "可持续性"是指有的企业会长期存在、有些业务活动会持续很长时间，对合规的要求会更高；而有些企业（如项目公司）或有些业务（如工厂建设、办公室装修等）只是短期存在或者临时活动，对相关业务和活动的合规管理的要求与对待企业正常业务不同。

◇ "与第三方业务关系的性质和范围"是指供应商、合作伙伴、客户、销售代理这些第三方与组织的商业关系性质不同，给组织带来的合规风险不同。另外，合作的领域、分包和代理的权限和范围给组织带来的风险也不同。组织以与第三方商业关系的性质和范围为依据，识别会给组织带来重大合规风险的第三方及其风险的性质，如海外销售代理会给公司带来严重的贿赂风险，而有些客户会带来出口管制风险。

◇ "法律和监管环境"是指适用于组织的法律法规，以及对组织和其业务监管的力度和要求。企业提供的产品不同，所处的行业和国家或地区不同，法律和监管环境不同，合规义务不同，合规风险也不同。组织需要识别这些法律法规，并建立登记系统。

◇ "经济状况"和"环境背景"都是监管机构必须要考虑的问题，直接影响到合规风险的变化。因为经济形势不好会影响就业和社会稳定,环境会影响到周围居民的身体健康,这些都是民众最关心和感受最直接的问题。作为政府和监管机构,如果想获得民众支持,就必须关注民生、关注影响民生的重大问题,这些民生问题会影响监管的重点和力度。以环境保护为例,前些年我国京津冀地区的大气污染非常严重,政府为了治理大气污染,专门制定并下发了《京津冀及周边地区2018—2019年秋冬季大气污染综合治理攻坚行动方案》,要求京津冀地区的高耗能、高污染企业关停并转。很多省市也出台政策要求提前实施国家第六阶段机动车污染物排放标准(以下简称国六标准)。但是中美贸易摩擦的开始使出口受到一定程度的影响,很多人因此对中国经济的前途担忧,政府部门也开始关注经济增长,所以监管机构开始放松对高耗能、高污染企业的治理力度,要求不能"一刀切",对于排放符合标准的允许其继续经营。而对于汽车行业的民族品牌,因为技术研发方面的劣势,国六标准的过早出台影响了这些民族品牌企业的销量和市场占有率,这使得政府不得不推迟原定的实施计划。监管环境的变化使得高耗能、高污染企业的管理者们很困惑,他们认为当初是被地方政府招商引资邀请来到京津冀地区投资设厂的,当地政府完全知晓他们项目的产品和工艺情况。政府由于要治理大气污染,认为他们不合规,要求他们关停并转,他们也能理解,于是开始遣散员工、变卖设备;但是忽然之间政府又说他们是合规的,可以继续经营,这些管理者们不明白他们到底是合规还是不合规。最后,因为全球疫情肆虐和中国企业不断提高的竞争力,中国的出口没有因为美国提高关税受到影响,反倒大幅度增长,这些高耗能、高污染的企业最终又被关停并转了。从这个例子可以看出,合规是如何被环境和经济形势变化所影响。

◇ 社会因素如疫情、社会动荡、失业和贫困等同样会影响合规风险。疫情对全球经济、失业和生活方式产生了严重影响,疫情管控成为各国政府,尤其是我国国内各级政府的重要工作。由于疫情管控的需要,违反疫情管控的相关要求或者防控不力,无论是企业还是个人都会受到严厉的处罚,因此违反疫情防控政策风险成了疫情防控阶段大多数企业的重大合规风险。

◇ 文化是大众的价值观和习俗,监管机构必须要顺应民意,尊重当地的文化和习俗。2022年"人教版小学教材插图事件"引起了社会各界的广泛争论,最终监管机构将人教版小学教材定性为"不美观向上、与立德树人根本要求存在差距",人民教育出版社包括书记、社长等主要领导在内的27人也因此受到严厉的处分。在这个事件中,人教版小学教材本身不但因为违反了法律法规,而且与大众的价值观相违背。另外,不同国家和地区也有自己不同的宗教信仰、文化和习俗。如果企业没有对文化因素引起重视,企业重要岗位人员不经意间发表一些错误言论或者推出一些不合时宜的广告宣传,都会给企业的形象和业务造成严重的影响。

◇ "内部结构、方针、过程、程序和资源,包括技术"这些都是组织的内部因素,这些内部因素会产生一些合规风险,如:组织结构不合理会产生重大贿赂风险,方针不合理会诱发不合规行为,过程和程序的漏洞容易产生不合规事件,而资源不足和技术手段不够会影响合规管控的效果。

◇ "自身的合规文化"的成熟程度对合规风险等级和合规风险管控有效性影响很大。

【过程分析】

表1　第4.1条:理解组织及其环境的过程分析表

过程	输入	输出	过程目的	过程评价指标	过程风险
第4.1条理解组织及其环境	组织的内部和外部事项	组织的内外部事项分析报告	通过内外部事项的分析,帮助组织识别重要合规义务和重大合规风险	内外部事项识别和分析的全面性和准确性	(1)对企业合规管理体系有效性产生重大影响的内外部事项识别不全面,有重大漏项; (2)分析不准确; (3)分析报告更新不及时

【体系建设建议】

◆ 针对过程风险1和风险2,体系建设过程应考虑组织专家团队加上必要的外部专业机构进行内外部事项分析,并明确专家团队和外部专业机构的能力要求,确保团队人员的经验和能力,以减少识别漏项和分析不准的问题。

◆ 针对过程风险3,体系建设过程应注意该项工作不是一次性的,需要明确责任部门、管理流程和要求,并建立必要的流程文件。

二 第4.2条:理解相关方的需要和期望

【标准要求】

组织应确定:

——与合规管理体系有关的相关方;

——这些相关方的有关需求;

——哪些需求将通过合规管理体系予以解决。

【标准要点解释】

"与合规管理体系有关的相关方"分为外部相关方和内部相关方。外部相关方可包括政府和政府机构、监管机构、非政府组织、社会和社区团体、客户、承包商、供应商、第三方中介机构、业务伙伴;所有者、股东和投资者等。内部相关方可包括治理机构、管理层、员工、内部职能(如风险管理、内部控制、内部审核、人力资源等)。

"相关方的有关需求"包括:

(1)政府和政府机构、监管机构发布的法律法规、标准、规范、文件通知、口头要求。

(2)非政府组织、社会和社区团体发布的标准、规范、公约、倡议。

(3)客户、承包商、供应商、第三方中介机构、业务伙伴、所有者、股东、投资者、治理机构等对企业合规绩效以及合规管理体系建设和认证提出的要求。

(4)管理层、员工、内部职能代表企业提出的对外承诺。

(5)"哪些需求将通过合规管理体系予以解决"换句话说组织要确定哪些相关方的哪些要求非常重要,要作为重要的合规义务进行落实和管控。

(6)组织的重要相关方尤其监管机构的期望和要求非常重要,其本身就可能是合规义务,同时也影响到合规风险的等级。

【过程分析】

表2　第4.2条:理解相关方的需要和期望的过程分析表

过程	输入	输出	过程目的	过程评价指标	过程风险
第4.2条理解相关方的需要和期望	组织的相关方	组织合规管理体系相关方的需求和期望的分析报告	帮助组织识别重要合规义务、准确评估合规风险	对组织有较大影响的相关方及其对组织的合规、合规绩效和合规管理体系要求识别的全面性和准确性	(1)对组织有影响力的重要的相关方有遗漏；(2)重要相关方对组织合规、合规绩效和合规管理体系要求的识别不准确；(3)报告更新不及时

【体系建设建议】

针对过程风险1,要求各层级各部门向企业合规部门报告对企业有重大影响的相关方。明确责任,如果因为某个层级某个部门的原因使企业受到处罚,相关层级和部门需要承担责任,这样可以促使各层级各部门重视这项工作。

针对过程风险2和3,编制流程文件明确各重要相关方的需要和期望识别、报告和动态更新的责任部门、渠道、方法和要求。

三　第4.3条:确定合规管理体系的范围

【标准要求】

组织应确定合规管理体系的边界和适用性,以确立其范围。

注:合规管理体系的范围旨在理清组织面临的主要合规风险,以及合规管理体系适用的地理和/或组织边界,尤其当组织是较大实体的一部分时。

组织应根据以下内容确定合规管理体系的范围:

1. 4.1提及的内部和外部事项；
2. 4.2,4.5和4.6中提及的要求。

范围应作为文件化信息可获取。

【标准要点解释】

"边界"是指组织的地理边界,例如中国境内、上海市等；"适用性"是指组织边界,如仅限于整车生产,不包括零部件生产;或仅限于研发、设计、销售,不包括生产。确定合规管理体系的范围就是组织确立其合规管理体系所适用的物理边界和组织边界。在这个过程中,组织选择在整个组织、组织内特定单元或特定职能内部实施合规管理体系时,具有自由度和灵活性。通常情况下,合规管理体系会在所有组织中实施,这样做的目的是避免在道德操守和合规方面的双重标准。

在确定范围时要考虑第4.1条、第4.2条、第4.5条和第4.6条的因素和要求,是因为考虑了合规管理"匹配"的原则。合规管理从管理复杂性和成本角度分为三个层级:建立方针、建立制度、建立管理体系。建立合规管理体系必然带来管理复杂性和成本的提升,所以需要综合分析组织的内外部事项(第4.1条),要考虑到本组织各项业务活动和各区域面临的合规风险的性质和程度(第4.6条),优先选择风险高的区域和范围建立合规管理体系范围。另外要考虑相关方的需要和期望(第4.2条)以及合规义务(第4.5条)的要求,是否有重要的相关方或者合规义务要求组织在某些业务或区域建立合规管理体系的要求或期望。

【过程分析】

表3　第4.3条:确定合规管理体系的范围的过程分析表

过程	输入	输出	过程目的	过程评价指标	过程风险
第4.3条确定合规管理体系的范围	第4.1条 内部和外部事项;第4.2条 相关方的需要和期望;第4.5条 合规义务;第4.6条 合规风险评估	组织的合规管理体系范围	确定合规管理体系的边界和适用性,降低管理的复杂性和成本	组织确定的合规管理体系范围的合理性和适宜性	组织确定的合规管理体系范围与组织的合规风险不匹配,或者不满足重要相关方的需要和合规义务

【体系建设建议】

根据企业各项业务活动和各区域的合规风险的性质和程度,优先选择合规风险高的业务和区域建立合规管理体系;同时考虑合规义务和相关方,如:监管机构、客户和合作伙伴是否有明确规定要求企业建立合规管理体系,从而确定企业适宜的合规管理体系范围满足合规义务和重要相关方的要求。对于小规模的公司,可以考虑直接建立全范围的合规管理体系;对于大的集团公司,可以在满足合规义务和重要相关方要求的同时,优先选择高风险业务和高风险区域建立合规管理体系,然后分阶段逐步在整个集团建立合规管理体系。

四 第4.4条：合规管理体系

【标准要求】

组织根据本文件的要求,应建立、实施、维护和持续改进合规管理体系,包括所需的过程及其相互作用。

合规管理体系应反映组织的价值观、目标、战略和合规风险,并且应结合组织环境(见4.1)。

【标准要点解释】

该条款是对合规管理体系的一个整体要求。合规管理体系要与组织的内外部环境相适应,不能机械照搬其他组织的文件和做法。价值观应体现在组织的合规方针和合规文化中。合规目标、资源投入和管控力度要满足组织目标的需要。根据组织战略确定合规的重点和范围。合规管理体系的策划要基于合规风险,以确保合规风险得到控制和降低。

【过程分析】

表4 第4.4条：合规管理体系的过程分析表

过程	输入	输出	过程目的	过程评价指标	过程风险
第4.4条 合规管理体系	本标准要求；组织的内外部事项、价值观、目标、战略和合规风险	适宜的、持续改进的合规管理体系	明确合规管理体系的总体要求	合规管理体系的持续适宜性	(1)合规管理体系没有得到有效建立和运行； (2)与组织的内外部事项、价值观、目标、战略和合规风险不适宜

【体系建设建议】

针对过程风险,建议企业建立合规部门,系统学习合规管理体系要求和合规管理基本原则,建立正确的价值观和合规文化,按照ISO 37301标准的要求建立、维护和改进合规管理体系。

五 第4.5条:合规义务

【标准要求】

组织应系统识别来源于组织活动、产品和服务的合规义务,并评估其对运行所产生的影响。组织应建立过程以:

a)识别新增及变更的合规义务,确保持续合规;

b)评价已识别的变更的义务所产生的影响,并对合规义务管理实施必要的调整。

组织应维护其合规义务的文件化信息。

【标准要点解释】

"合规义务"是指组织强制性必须遵守的要求,以及组织自愿选择遵守的要求。组织强制遵守的要求包括:(1)法律法规;(2)许可、执照或其他形式的授权;(3)监管机构发布的命令、条例或指南;(4)法院判决或行政决定;(5)条约、公约和协议。组织自愿选择遵守的要求包括:(1)与社会团体或非政府组织签订的协议;(2)与公共权力机构和客户签订的协议;(3)组织的要求,如方针和程序;(4)自愿的原则或规程;(5)自愿性标志或环境承诺;(6)与组织签署合同产生的义务;(7)相关组织的和产业的标准。

"组织应系统识别来源于组织活动、产品和服务的合规义务"是指组织应系统性对照其活动、产品和服务,识别所应适用的合规义务。

"评估其对运行所产生的影响"是指组织不但要确定合规义务,而且要确定这些合规义务对组织运作产生了哪些影响,如:按照合规义务要求哪些地方现在存在不合规的情形而需要整改;哪些将来不能做;哪些将来必须做,如果不符合会产生什么后果等。如果合规义务对组织的运作没有什么影响,即便不符合也不会产生什么后果,或者组织已经做到,就不是组织需要关注的合规义务。

"组织应建立过程"是指要求组织建立成文的或者是不成文的流程或者程序。

"识别新增及变更的合规义务"的过程和方法包括:(1)列入相关监管部门收件人名单;(2)成为专业团体的会员;(3)订阅相关信息服务;(4)参加行业论坛和研讨会;(5)监视监管部门网站;(6)与监管机构会晤;(7)与法律顾问洽商;(8)监视合规义务的来源(如监管声明、法院判决)。

"评价已识别的变更的义务所产生的影响"是指重新评估新的和变更的合规义务对组织活动、产品和服务的影响。如果合规义务有变更,但是并没有对组织的运作产生影响,就可以不更新合规义务清单。

"对合规义务管理实施必要的调整"是指如果合规义务变更对组织的运作产生了影响,需要及时更新合规义务清单,报告合规义务的变更。

"组织应维护其合规义务的文件化信息"是指明确要求组织建立合规义务清单。

合规义务的识别和更新的目的是落实合规义务,避免出现不合规给组织带来合规风险。因为合规义务繁多,并且在动态变化,所以识别合规义务是对组织确保合规最基础最重要的要求,也是最复杂和艰巨的任务。应该说企业大部分合规义务已经符合,只是有些合规义务是新的要求,组织还没有做,或者有些合规义务虽然存在很久了,但部分没有得到落实,或者是在落实的过程中存在偏差。同时也存在没有识别出来但组织已经做到的合规义务,这不会给组织带来任何风险,因此组织在识别和更新合规义务时,不是把法律法规、标准规范、制度文件要求、社会文化价值观、道德准则等全面罗列,而是更应该关注对组织的运作有影响的,组织目前存在不符合或者存在将来不符合的可能性的合规义务。对照标准要求,合规义务清单可以参照表5。

表5 合规义务清单

部门	活动、产品或服务	合规义务来源	合规义务	对组织运营的影响

【过程分析】

表6 第4.5条:合规义务过程分析表

过程	输入	输出	过程目的	过程评价指标	过程风险
第4.5条 合规义务	第4.1条 组织的内外部事项;第4.2条 识别出的对组织有较大影响的相关方对组织合规管理的要求	组织的合规义务清单	识别组织需要履行的合规义务	重要合规义务识别的全面性、更新的及时性	(1)重要合规义务未识别;(2)已识别的合规义务未及时更新

【体系建设建议】

针对过程风险1,要求各部门各岗位都参与进来,在合规部门的组织和安排下,按照以下原则识别和收集合规义务并评审相关影响:

(1)针对不同类型、不同来源的合规义务,明确责任部门、渠道和要求;

(2)合规义务太多,组织没有必要试图识别所有合规义务,而是把资源用在可能给组织带来较高风险的重要合规义务的识别上;

(3)基于企业内外部事项分析的结果识别重要合规义务;

(4)将重要相关方的期望和需要纳入合规义务进行管理;

(5)合规义务的识别和管理分不同的层级进行,基层部门识别适用本层级的合规义务,如果容易做到的,直接由本层级进行管理不用上报。如果认为本部门存在不合规并且落实存在难度的,部门将合规义务上报上一个层级;

(6)在各部门识别收集合规义务的同时,可组织专家或者外部机构参与,在内外部事项的分析和相关方需要分析的基础上,对识别出的合规义务清单进行评审、修订和补充。

针对过程风险2,建议企业建立合规义务识别和更新的程序文件,明确各种类型的合规义务识别、报告、维护和更新的责任部门、渠道、方法、时机、频次和其他必要的要求。

六 第4.6条:合规风险评估

【标准要求】

组织应基于合规风险评估,识别、分析和评价其合规风险。

组织应通过将其合规义务与活动、产品、服务以及运行的相关方面关联,来识别合规风险。

组织应评估与外包的和第三方的过程相关的合规风险。

组织应定期评估合规风险,并在组织环境发生重大变化时进行评估。

组织应保留有关合规风险评估和应对合规风险措施的文件化信息。

【标准要点解释】

"组织应基于合规风险评估,识别、分析和评价其合规风险",是指组织建立合规管理体系过程中应进行一次合规风险评估，系统地识别、分析和评价其合规风险，形成合规风险清单。

"组织应通过将其合规义务与活动、产品、服务以及运行的相关方面关联，来识别合规风险"，是指通过将组织的活动、产品和服务对照合规义务，识别出可能产生的不合规以及可能给组织运营造成的影响和后果。合规风险能够以不遵守组织的合规方针与义务的后果和不合规发生的可能性来表征。合规风险识别包括合规风险源的识别和合规风险情况的界定。组织宜根据部门职责、岗位职责和不同类型的组织活动，识别各部门、职能和不同类型的组织活动中的合规风险源。组织宜定期识别合规风险源，并界定每个合规风险源对应的合规风险情况，开发合规风险源清单和合规风险情况清单。

组织宜结合不合规的根本原因、来源、后果及其发生的可能性，来分析合规风险。后果可能包括，例如个人和环境伤害、经济损失、名誉损失、行政管理变更以及民事和刑事责任。发生后果的可能性的确定应考虑合规风险源的情况。

风险评估涉及将组织能接受的合规风险水平与合规方针中设定的合规风险水平进行比较，以确定组织可接受的合规风险水平的合理性。

合规风险包括固有合规风险和剩余合规风险。固有合规风险是指组织在未采取任何相应合规风险处理措施的非受控状态下所面临的全部合规风险。剩余合规风险是指组织现有的合规风险处理措施无法有效控制的合规风险。

组织进行合规风险评估前，应建立风险评价的模型和准则，举例说明：

合规风险分析可包括三个方面：后果的严重程度——Severity（S），发生的可能性——Occurrence（O），发现和预防的能力——Detection（D）。

后果的严重程度——Severity（S），我们可以从公司的价值观、相关方的影响力、相关方的关注度；经济、社会、文化的状况等维度进行考虑，用1—5级进行划分，如下表7所示：

表7　后果的严重程度 Severity (S) 1–5 级划分表

	administrative liability 行政责任	economic loss 财产损失	reputational harm 信誉损失	personal harm 个人损害	environmental harm 环境损害
1	警告 warning	< $5k	no external effect 没有外部影响	potential minor injury 潜在的小的伤害	little environmental harm 很小环境损害
2	罚款 penalty	$5 ~ $50k	internal disquiet 内部不安	lost time accident 损失时间的事故	minor environmental harm 一般环境损害
3	责令停业 suspend business	$50 ~ $500k	third party complaints 第三方抱怨	disability injury 造成残疾的伤害	middle environmental harm 中等环境损害
4	吊销执照 cancellation of licenses	$500 ~ $5m	local TV/newspaper coverage 当地电视和报纸的新闻报道	fatality 死亡	major environmental harm 重大环境损害
5	行政拘留 administrative detention	> $5m	national TV/newspaper coverage 国家电视和报纸的新闻报道	multiple fatality 多人死亡	extraordinarily serious environmental harm 特大环境损害

发生的可能性 Occurrence(O)，我们应关注合规风险源，可以从是否有重大利益诱惑，是否存在技术、资源、能力不足，是否面临经营困境和激烈竞争，对政府部门和商业伙伴的依赖性等方面进行考虑，用1—5级进行划分，如表8所示：

表8　发生的可能性 Occurrence（O）1–5 级划分表

	发生的可能性	发生频率
1	unlikely 不可能	少于 10 年 1 次
2	possible 可能	10 年 1 次到 2 年 1 次
3	infrequent 不经常	2 年 1 次到 1 年 1 次
4	regular 时有发生	1 年 1 次到每年 10 次
5	common 常见的	超过每年 10 次

发现和预防的能力 Detection（D），是指现有控制措施的有效性，关注的是剩余风险，我们从 1—5 个级别进行设定：

表9　发现和预防的能力 Detection（D）1–5 级划分表

	剩余风险可能性	评价准则
1	几乎必然	当前控制措施一定能发现或预防问题
2	高	当前控制措施发现或预防问题的可能性高
3	中	当前控制措施发现或预防问题的可能性中等
4	低	当前控制措施发现或预防问题的可能性低
5	非常低	当前控制措施发现或预防问题的可能性非常低

而风险值根据以下 3 个方面分析的结果来确定：

风险值 Risk Priority Number（RPN）= S × O × D

合理设定 RPN 的值域，对风险进行等级划分。

合规风险评估可以采用表 10 建立合规风险清单。

"组织应评估与外包的和第三方的过程相关的合规风险"是指外包方和第三方也会给组织带来合规风险，因此我们同样需要评估外包方和第三方的活动、产品和服务给组织带来的风险。

表10　合规风险清单

合规风险	后果	后果的严重度(S)	风险源	发生的可能性(O)	当前控制措施	发现和预防的能力(D)	初始风险 RPNi = S×O×D	风险等级

"组织应定期评估合规风险,并在组织环境发生重大变化时进行评估"是指合规风险应定期进行评估,当发生以下情形时,宜对合规风险进行周期性再评估,例如:(1)新的或变化的活动、产品或服务;(2)组织结构或战略变化;(3)重大的外部变化,如金融经济环境、市场条件、债务和客户关系;(4)合规义务变更;(5)并购;(6)不合规(即使是单一的不合规事件也能构成情况的实质变化)和近乎不合规。

合规风险评估的详细程度和水平取决于组织的风险情况、环境、规模和目标,并能随着具体的细分领域(如:环境、财务、社会)变化。基于风险方法的合规管理并不意味着在合规风险较低的情况下组织就接受不合规。合规风险评估有助于组织集中主要注意力和资源优先处理更高级别风险,最终覆盖所有合规风险。所有已识别的合规风险/情况都会得到监视和处理。在进行风险评估(相关指导见 ISO 31000)时,宜注意适当的技术(见 IEC 31010)。

"组织应保留有关合规风险评估和应对合规风险措施的文件化信息"是指组织应建立并保留合规风险评价模型和准则、合规风险清单和合规风险处置策略等。

【过程分析】

表11　第4.6条:合规风险评估的过程分析表

过程	输入	输出	过程目的	过程评价指标	过程风险
第4.6条 合规风险评估	第4.5条:组织的合规义务;第4.1条:组织的内外部事项的分析;第4.2条:相关方需要和期望的分析	合规风险清单	为合规风险排列优先顺序,组织可以根据风险的高低合理配置资源和确定控制的力度,提高合规管理的有效性和效率	合规风险分析评估的全面性和准确性	(1)较高合规风险有遗漏;(2)合规风险评估结果不准确;(3)合规风险评估未及时更新

【体系建设建议】

针对过程风险1和2,建议组织合规部门制定风险评价模型和准则,并将风险识别、分析评价工作分成两个阶段:第一阶段,由各部门参与针对本部门的活动、产品和服务涉及的合规风险进行识别、分析和评价,将评价出的较高风险报送给合规部门。第二阶段合规部门组织专家组,在分析内外部事项和相关方需要的基础上,对各部门报送的合规风险重新进行评价和补充。

针对过程风险3,建议企业制定合规风险评估的程序文件,明确评估准则、流程、方法、职责和时机。

 思考题

简述题:

1. 请以一个熟悉的组织为背景,简述组织应如何进行内外部事项分析。
2. 请以一个熟悉的组织为背景,简述组织如何进行相关方需要和期望的分析。
3. 请以一个熟悉的组织为背景,解释如何确定合规管理体系范围。
4. 请列举合规义务的类别。
5. 请简述如何识别"合规义务"。
6. 请以一个熟悉的组织为背景,尝试建立一个合规风险评价模型和准则。
7. 简述如何进行合规风险评估。

第四章

"领导作用"的解读和过程分析

一、第5.1条:领导作用和承诺

(一)第5.1.1条 治理机构和最高管理者

【标准要求】

治理机构和最高管理者应通过以下方面证实其对合规管理体系的领导作用和承诺:

——确保合规方针和合规目标得以确立,并与组织的战略方向一致;

——确保将合规管理体系要求融入组织的业务过程;

——确保合规管理体系所需的资源可获取;

——就有效的合规管理的重要性以及符合合规管理体系要求的重要性进行沟通;

——确保合规管理体系实现其预期结果;

——指导和支持人员为合规管理体系的有效性作出贡献;

——促进持续改进;

——支持其他相关岗位在职责范围内证实其领导作用。

注:本文件中提到的"业务"能够广义地理解为涉及组织宗旨的那些核心活动。

治理机构和最高管理者应:

——确立和坚持组织的价值观;

——确保制定并实施方针、过程和程序,以实现合规目标;

——确保能及时获知合规事件,包括不合规情况,并确保采取适当措施;

——确保维护合规承诺,并妥善处理不合规和不合规行为;

——视情况确保合规责任在工作职责说明中得到体现;

——任命或提名合规团队(见5.3.2);

——确保根据8.3确立了提出和解决疑虑的机制。

【标准要点解释】

"承诺"是指身体力行、支持工作、投入资源和精力、确保结果。不合规会对业务造成负面影响,如声誉受损、丧失经营许可、丧失机会和巨大成本。因此,治理机构和最高管理者宜认识到有效合规管理的战略重要性。有效的合规要求治理机构和最高管理者的积极承诺,并贯穿整个组织。对于合规管理体系而言,治理机构和最高管理者清楚、明确地证实其对实现合规管理体系目标的承诺是至关重要的。

承诺的水平标示为下列事项的实现程度:

——治理机构和所有管理层通过自己的行动和决定,积极证实他们承诺建立、开发、实施、评价、维护和改进的是一个有效且及时响应的合规管理体系;

——合规方针由治理机构正式批准;

——最高管理者对确保组织充分实现关于合规的承诺承担责任;

——所有管理层一致向人员传达一个清晰的信息(通过文字和措施证实):组织会履行它的合规义务;

——以清晰并令人信服的声明向所有人员和有关的相关方广泛沟通关于合规的承诺,并有措施支持;

——合规团队的员工具有体现有效合规的重要性的适当能力、身份权限和独立性,而且可以直接接触治理机构;

——通过对所有人员和有关的相关方开展意识提升活动和培训,为建立、开发、实施、评价、维护和改进强劲的合规文化提供适当的资源;

——方针、过程和程序不仅反映法律要求,还反映自愿性准则和组织的核心价值观;

——组织向其所有管理层级分配合规责任并要求他们负责;

——定期评审合规管理体系(建议至少每年一次);

——组织的合规绩效持续改进;

——及时采取纠正措施;

——治理机构和最高管理者遵守组织的合规管理体系。

"确保合规方针和合规目标得以确立,并与组织的战略方向一致。"是指合规方针和合规目标与组织战略的一致性。合规是组织各项管理的一部分,组织战略的制定要考虑合规风险,同时组织的合规方针和合规目标必须围绕和支撑组织确定的战略。

"确保将合规管理体系要求融入组织的业务过程"是指合规管理工作不能脱离组织的业务活动另起炉灶,要把标准各个条款的要求整合进入组织的相关业务活动,比如:(1)合规目标整合进入组织的目标体系和绩效考核体系;(2)合规管理职责和能力要求要整合进入岗位说明书和任职资格要求;(3)合规培训要整合进入组织的培训计划;(4)合规风险评估要整合进入组织的整体的风险评价过程中,使用统一的评价准则;(5)合规风险的控制措施要整合进入组织的相关业务活动中,作为过程准则等。

(二)第5.1.2条 合规文化

【标准要求】

组织应在其内部各个层级建立、维护并推进合规文化。

治理机构、最高管理者和管理者应证实,对于整个组织所要求的共同行为准则,其做出了积极的、明示的、一致且持续的承诺。

最高管理者应鼓励创建和支持合规的行为,应阻止且不容忍损害合规的行为。

【标准要点解释】

合规文化是指贯穿整个组织的价值观、道德规范、信仰和行为,并与组织结构和控制系统相互作用,产生有利于合规的行为规范。

支持开发合规文化的因素包括:

——一系列已发布的清晰的价值观;

——管理层积极并显而易见地实施和遵守价值观;

——不论职位,对不合规的一致性处理;

——在指导、辅导和领导中以身作则;

——对潜在的关键职能的人员进行适当的聘用前评估,包括尽职调查;

——在入职培训或新员工训练中强调合规和组织价值观;

——持续进行合规培训,包括更新面向所有人员和有关的相关方的培训;

——持续就合规问题进行沟通;

——绩效考核体系,结合对合规行为的评估,并将合规表现与绩效工资挂钩,以实现合规关键绩效措施和结果;

——对合规管理业绩和成果予以明确认可;

——对故意或因疏忽而违反合规义务的情况给予即时和适当的处分;

——在组织的战略和个人岗位之间建立清晰的联系,强调合规是实现组织结果所必不可少的;

——在内部和外部就合规进行公开和适当的沟通。

合规文化的建立需要一个有目的、措施和行动计划的逐步培养过程,可以通过图4进行展示和说明:

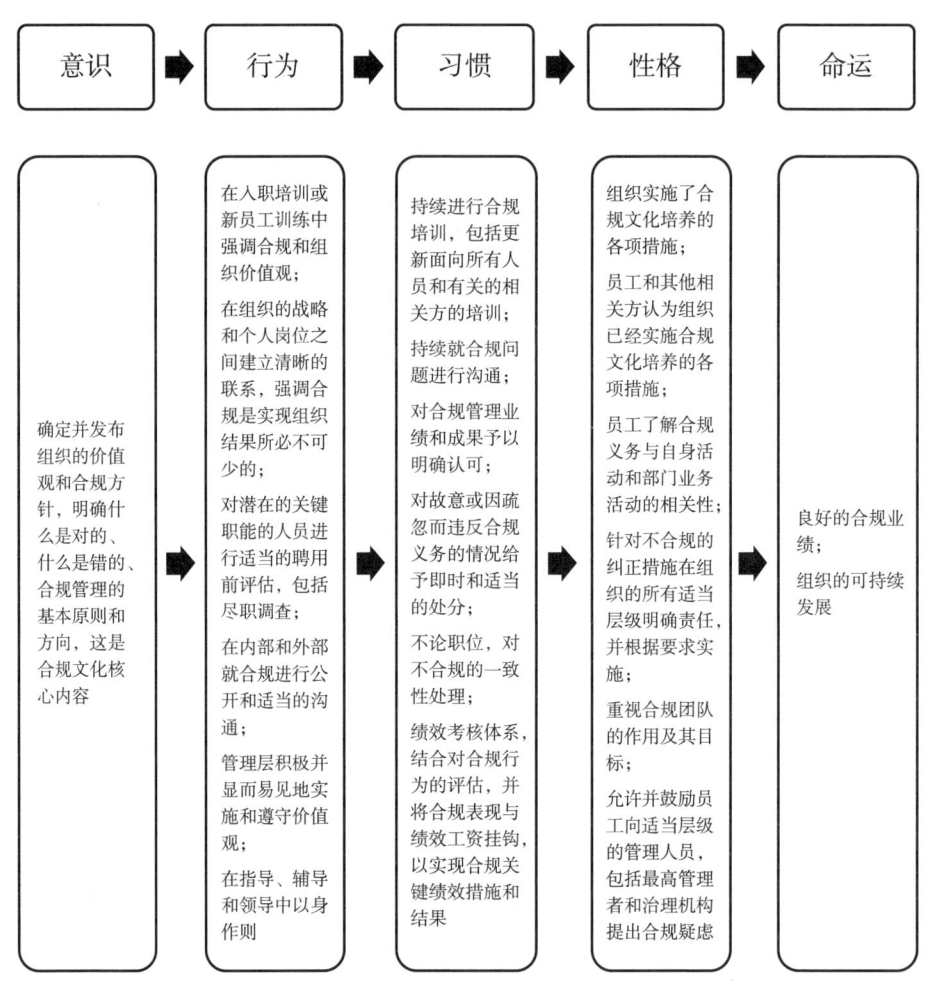

图4 合规文化培养过程

如图4所示:合规文化就如同企业的性格,也是企业获得良好合规绩效的保障。我们尝试用家长培养孩子良好性格的方法来解释如何培养企业的合规文化。我们经常说"性格决定命运",我们希望培养自己的孩子,让他有一个良好的性格,将来能够在学习、工作和生活中正确对待竞争和挫折,有毅力、能够经受各种困难和挑战、不屈不挠,在学习、工作和生活中都能成功并取得较好的结果。培养孩子良好的性格,首先必须让孩子明确什么是正确的做法,让孩子有这种"意识",才能在学习、生活中有意识实施正确的"行为"。当孩子面对困难、挫折想屈服或逃避时,明确告诫孩子这是不对的,并给孩子鼓励和支持完成任务。不但自己这样做,而且要求孩子的爷爷奶奶等身边人也这样教育和对待孩子。家长如果每次都能这样做,时间长了孩子就会养成"习惯"。孩子一旦形成这种习惯,在外人看来孩子就具备了这种良好的"性格",将来在工作和生活中面对困难挫折时能够做到坚持、不屈不挠,获得"成功"的概率就会大大增加。这就是我们通常讲的"意识决定行为、行为养成习惯、习惯成就性格、性格决定命运"。

合规文化的培养也可以按照上面的思路来做。首先要确定企业的价值观和合规方针,明确告知员工合规的重要性以及合规管理的原则性要求。高层领导通过会议和各种沟通机会向各级管理人员解释和强调企业的价值观和合规方针,组织员工进行合规意识的培训。各级管理人员对待合规应保持一致的态度、身体力行,并指导员工如何做。企业应策划一些对合规行为和合规模范的表彰奖励活动,并将合规纳入员工的绩效考核,通过正向的激励和反向的处罚强化员工重视合规,并在业务活动中自觉主动合规,这样企业就会逐步培养出良好的合规文化。

合规文化的形成体现于下列几方面的实现程度:

——上述事项得以实施;

——相关方(特别是组织的人员)相信上述事项已实施;

——人员理解合规义务与自身活动和所在业务单元活动的相关性;

——组织所有适当层级都按照要求自主应对不合规并采取纠正措施;

——重视合规团队的岗位及其目标;

——人员有能力且受到鼓励向包括最高管理者和治理机构在内的适当的管理层提出合规疑虑。

组织宜:

——衡量其合规文化;

——寻求所有人员的意见,以确定他们是否感知到治理机构、最高管理者和中层管理者对合规的承诺;

——根据组织合规文化指标的结果,确立行动计划。

(三)第5.1.3条 合规治理

【标准要求】

治理机构和最高管理者应确保下列原则得到实施:

——合规团队应能直接接触治理机构；

——合规团队的独立性；

——合规团队具有适当的权限和能力。

注1：直接接触包括：向治理机构的直接汇报线、定期提交报告以及参加其会议。

注2：独立性是指对合规团队的运行不受任何不当干扰和/或压力。

【标准要点解释】

合规治理建立在以下基本原则基础上。

合规团队能直接接触治理机构和最高管理者。如有需要，他们能绕过组织中的其他人直接与一个或多个最有权采取行动的人沟通。这直接裨益治理机构和最高管理者，便于他们履行职责。这种接触宜是有计划和系统性的。例如，合规团队能直接向首席执行官报告或间接向审核委员会、主席和整个董事会报告。

合规团队宜是独立的，不与组织结构或其他要件冲突。他们可以自由行动、不受垂直管理者的干涉。

合规团队拥有权限。合规团队在权限上不是一个能被上级否决或被其修改报告或信息的初级部门。合规团队能根据需要指导其他员工。合规团队宜有"发言权"，以申明和提出合规疑虑。

合规团队有足够的资源来支持组织不受限制地执行合规管理体系的必要工作和职责，包括获得技术以使合规管理体系能全面和有效地支持组织实现其合规目标。

【过程分析】

表12　第5.1条：领导作用和承诺过程分析表

过程	输入	输出	过程目的	过程评价指标	过程风险
第5.1条领导作用和承诺	组织的价值观、目标和战略方向	治理机构和最高管理者的参与和支持，合规文化和良好治理结构	确保治理机构和最高管理者发挥作用，并建立良好的合规文化和治理结构	领导的重视和参与程度、合规文化的成熟程度、合规团队的独立程度和权限的充分性	(1)领导不重视、不积极参与合规管理工作；(2)没有形成良好的合规文化；(3)没有有效措施和计划推动合规文化建设；(4)合规团队缺乏足够的独立性和权限

【体系建设建议】

针对过程风险1,建议组织提供对治理机构和最高管理者的合规意识的培训。

针对过程风险2、3,建议组织明确合规文化建设的责任部门,制定明确的计划,提供充分的资源,定期进行合规文化的成熟度评价。

针对过程风险4,建议企业高层充分认识到良好治理结构的重要性,通过研讨、管理评审和审核,推动治理结构的不断完善。

二、第5.2条:合规方针

【标准要求】

治理机构和最高管理者应确立合规方针,该方针:

a) 适合于组织的宗旨;
b) 为设定合规目标提供框架;
c) 包括满足适用需求的承诺;
d) 包括持续改进合规管理体系的承诺。

合规方针应:

——与组织的价值观、目标和战略保持一致;
——要求遵守组织的合规义务;
——根据第5.1.3条支持合规治理原则;
——提及并描述合规职能;
——概述不遵守组织的合规义务、方针、过程和程序的后果;
——鼓励提出疑虑,并且禁止任何形式的报复;
——用通俗易懂的语言书写,易于所有人员理解其原则和意图;
——被适当地实施和执行;
——作为文件化信息可获取;
——在组织内予以沟通;
——视情况,可被相关方获取。

【标准要点解释】

"适合于组织的宗旨"是指合规方针必须要有针对性,不能脱离组织的使命和主要业务,不能夸大责任和要求。

"为设定合规目标提供框架"是指合规方针要明确合规管理的重点、方向和绩效水平,使合规目标的制定有据可依。

"满足适用需求的承诺"是指方针内容要包括对合规的承诺。

"提及并描述合规职能"是指在合规方针中明确合规职能的职责和权限,并指出可以参见的相关文件。

合规方针确立了组织实现合规的首要原则和行动承诺。它设定了要求的职责和绩效水平,并设定了对行动进行评估的期望。该方针宜与组织活动产生的合规义务相适应。

合规方针宜由治理机构批准。合规方针宜规定:

——与组织的规模、性质、复杂性及其环境有关的合规管理体系的应用和环境;

——合规与其他职能的结合程度,如与治理、风险、审核和法务;

——对内外部相关方的关系进行管理的原则。

开发合规方针时,宜结合:

a)具体的国际、区域或属地义务;

b)组织的战略、目标、文化和治理方法;

c)组织结构;

d)与不合规相关的风险性质和等级;

e)采用的标准、准则、内部方针和程序;

f)行业标准。

合规方针可包括:

——使命宣言;

——总体方针声明;

——管理策略以及责任和资源的分配;

——标准合规程序;

——审核、尽职调查和合规。

合规方针不宜是一个独立的文件,宜得到其他文件的支持,包括运行方针和过程。如有必要,宜将合规方针翻译成其他语言。合规方针宜适合于组织因其范围和活动而产生的合规义务。

【过程分析】

表13 第5.2条：合规方针的过程分析表

过程	输入	输出	过程目的	过程评价指标	过程风险
第5.2条 合规方针	组织的价值观、目标和战略方向	合规方针	明确合规管理的基本原则和方向、为目标的制定提供框架	合规方针与组织宗旨、价值观、目标和战略的一致性；合规方针与组织合规管理现状的适宜性	(1) 合规方针与组织的宗旨、价值观、目标和战略的不一致； (2) 合规方针不能明确指导合规管理各项工作； (3) 合规方针没有有效传达

【体系建设建议】

针对过程风险1、2，建议企业在总体方针中增加合规方针的内容或者单独建立合规方针，明确对合规的承诺、合规的基本原则和方向、合规职能的职责和权限、鼓励举报、严禁打击报复、不合规的后果、对不合规的处罚要求等，经过广泛的讨论和评审，确保合规方针与组织的宗旨、价值观、目标和战略的一致性以及与企业合规管理现状的适宜性，能够为合规管理各项工作提供指导和依据。

针对过程风险3，建议企业将合规方针张贴在主要的场所、发布在公司网站显著位置，提供对合规方针的研讨、培训、考试，组织一些有意义的活动宣传合规方针的内容。

三、第5.3条：岗位、职责和权限

(一) 第5.3.1条 治理机构和最高管理者

【标准要求】

治理机构和最高管理者应确保在组织内分配并沟通相关岗位的职责和权限。治理机构和最高管理者应分配职责和权限，以便：

a) 确保合规管理体系符合本文件的要求；

b) 获得合规管理体系绩效的报告。

治理机构应：

——确保根据合规目标的实现情况来对最高管理者进行衡量；

——对最高管理者运行合规管理体系的情况进行监督。

最高管理者应：

——为建立、制定、实施、评价、维护和改进合规管理体系配置足够且适当的资源；

——确保建立及时有效的合规绩效报告制度；

——确保战略和运行目标与合规义务相协同；

——确立和维护问责机制，包括纪律处分和结果；

——确保合规绩效与人员绩效考核挂钩。

【标准要点解释】

该条款明确了治理机构和最高管理者的职责和权限。

治理机构的积极参与和监督是有效合规管理体系不可或缺的组成部分。治理机构通过合规管理体系的建立和运行对最高管理者进行监督，并通过合规目标的建立和实现情况的测量对最高管理者进行评价和考核。正是因为治理机构的存在和发挥作用，增加了合规管理的透明性，有助于确保人员充分理解组织的合规方针、合规运行程序以及这些方针和程序如何应用于他们的工作，并确保他们有效地履行合规义务。

为使合规管理体系有效，治理机构和最高管理者需要以身作则、坚持并积极、明确地支持合规与合规管理体系。许多组织视其规模也有合规管理的全面负责人，尽管该负责人可能有其他岗位或职能，例如现有的委员会、组织的单元或合规专家的外包要件。

最高管理者宜鼓励创造和支持合规的行为，而不宜容忍侵害合规的行为。

最高管理者宜确保：

——组织对合规的承诺与其价值观、目标和战略一致，以便适当地定位合规工作；

——鼓励所有员工承认实现其负责或负有责任的合规目标的重要性；

——创造一种鼓励报告不合规并使报告的员工不会受到报复的环境；

——将合规纳入更广泛的组织文化和文化变更举措中；

——识别不合规并即时采取行动予以纠正或处理；

——运行目标和指标不会影响合规行为。

最高管理者宜参考关键绩效指标和其他关键信息并按策划的时间间隔（例如：每季度或每月）评审合规管理体系的绩效，以确保合规管理体系实现其目标。

合规管理体系的有效性要求最高管理者通过制定标准和实施合理监督做出承诺。最高管理者宜了解合规管理体系的内容和运行，并宜确保组织拥有有效的合规管理体系所需的足够的过程。

(二) 第5.3.2条 合规团队

【标准要求】

合规团队应负责合规管理体系的运行,包括:

——推进识别合规义务;

——编制合规风险评估文件(见4.6);

——使合规管理体系与合规目标保持一致;

——监视和测量合规绩效;

——分析和评价合规管理体系的绩效,以确认是否需要采取纠正措施;

——确立合规报告和文件化制度;

——确保按策划的时间间隔对合规管理体系进行评审(见9.2和9.3);

——确立提出疑虑和确保疑虑得到解决的制度。

合规团队应监督:

——履行已识别的合规义务的职责在整个组织内得到适当分配;

——合规义务与方针、过程和程序的整合;

——所有相关人员按要求接受培训;

——确立合规绩效指标。

合规团队应:

——使人员可获得与合规方针、过程和程序有关的资源;

——就合规相关事项向组织提供建议。

注:合规团队的特定职责并不免除其他人员的合规责任。

组织应确保合规团队能接触:

——高级决策者,并有机会在决策早期提出建议;

——组织的所有层级;

——所有人员、文件化信息和所需的数据;

——专家关于相关法律、法规、准则和组织标准提出的建议。

【标准要点解释】

许多组织都由专门人员(例如:合规官)负责日常合规管理,有些组织还设有跨职能合规委员会来协调整个组织的合规工作。合规团队会与管理层一起合作。

并非所有的组织都创建独立的合规团队;一些组织将此职能分配至现有岗位或职

能外包。外包时,组织不宜将全部合规职能分配给第三方。即使组织将部分职能外包,也宜考虑维护组织对这些职能的权限并对其进行监督。

分配合规管理体系职责,宜考虑确保合规团队证实:

——诚信和对合规的承诺;

——有效的沟通和影响力;

——有能力接受建议和指导;

——具备设计、实施和维护合规管理体系的相关能力;

——具备面对测试和挑战的信心、业务知识和经验;

——以战略性、积极的方式对待合规;

——有足够的时间来满足合规岗位的需求。

合规团队宜拥有权限、地位和独立性。权限意味着合规团队被治理机构和最高管理者授予足够的权力。地位意味着其他人员很可能倾听和尊重他/她的意见。独立性意味着合规团队尽可能地不亲自参与可能暴露在合规风险之下的活动。

合规团队履行其岗位不宜存在利益冲突。

(三)第5.3.3条　管理者

【标准要求】

管理者应通过以下方式对其职责范围内的合规工作负责:

——配合和支持合规团队,并鼓励人员也这样做;

——确保在其控制下的所有人员都遵守组织的合规义务、方针、过程和程序;

——识别其运行中的合规风险并进行沟通;

——在其职责范围内将合规义务融入现有的业务实践和程序;

——参加并协助合规培训活动;

——培养人员的合规意识,指导他们满足培训和能力要求;

——鼓励并支持人员提出合规疑虑,并防止任何形式的报复;

——根据要求积极参与合规相关事件和事项的管理、解决;

——确保一经确认需要采取纠正措施时,适当的纠正措施能得到推荐和实施。

【标准要点解释】

最高管理者的职责不宜被视为免除其他各级管理者的合规职责,因为所有管理者都在合规管理体系方面发挥作用。因此,明确设定他们各自的职责并列入其岗位描述之中很重要。

管理者的合规职责必然会根据权限的级别、影响力和其他因素而有所不同,如组织的性质和规模。然而,一些职责很可能在不同的组织中是通用的。

(四) 第5.3.4条 人员

【标准要求】

所有人员应:

——遵守组织的合规义务、方针、过程和程序;

——报告合规疑虑、问题和漏洞;

——按要求参加培训。

【标准要点解释】

所有人员都宜履行合规义务。

人员宜确保了解自己的合规职责并有效地执行这些职责。对此,人员将通过合规管理体系的要件获得支持。如培训、方针和程序以及行为准则。

人员宜积极主动地洞察不足与改进,以促进合规管理体系的绩效。

为了让读者清晰了解标准对合规管理体系各主要岗位的职责要求,本书将标准要求汇总成为表14。

表14 ISO 37301标准对合规管理体系各主要岗位的职责要求表

过程	治理机构	最高管理者	合规团队	管理者	人员
合规义务		确保战略和运行目标与合规义务相协同	推进识别合规义务;监督合规义务与方针、过程和程序的整合	确保在其控制下的所有人员都遵守组织的合规义务、方针、过程和程序;在其职责范围内将合规义务融入现有的业务实践和程序	遵守组织的合规义务、方针、过程和程序
合规风险			将合规风险评估形成文件	识别其运行中的合规风险并进行沟通	
合规职责	应确保组织内分配并沟通相关岗位的职责和权限	应确保组织内分配并沟通相关岗位的职责和权限	监督履行已识别的合规义务的职责在整个组织内得到适当分配		

续表

过程	治理机构	最高管理者	合规团队	管理者	人员
合规管理体系	对最高管理者运行合规管理体系的情况进行监督		使合规管理体系与合规目标保持一致；确保按策划的时间间隔对合规管理体系进行评审		
合规资源		为建立、制定、实施、评价、维护和改进合规管理体系配置足够且适当的资源	使人员可获得与合规方针、过程和程序有关的资源；就合规相关事项向组织提供建议		
合规意识和培训			监督所有相关人员按要求接受培训	参加并协助合规培训活动；配合和支持合规团队，并鼓励人员也这样做；培养人员的合规意识，指导他们满足培训和能力要求	根据要求参加培训
合规信息报告		确保建立及时有效的合规绩效报告制度	确立合规报告和文件化制度；确立提出疑虑和确保疑虑得到解决的制度	鼓励并支持人员提出合规疑虑，并防止任何形式的报复	报告合规疑虑、问题和漏洞
合规绩效	确保根据合规目标的实现情况来对最高管理者进行衡量	确保合规绩效与人员绩效考核挂钩	监视和测量合规绩效；分析和评价合规管理体系的绩效，以确认是否需要采取纠正措施；监督确立合规绩效指标		

续表

过程	治理机构	最高管理者	合规团队	管理者	人员
合规事件处理、追责		确立和维护问责机制，包括纪律处分和结果		根据要求积极参与合规相关事件和事项的管理、解决；确保一经确认需要采取纠正措施时，适当的纠正措施能得到推荐和实施	

从上表可以看出标准只是明确了部分合规管理体系过程的职责，没有明确的职责，企业可根据其实际情况和标准要求进行策划，确保合规管理体系所有要求都能够得到落实。

【过程分析】

表15　第5.3条：岗位、职责和权限的过程分析表

过程	输入	输出	过程目的	过程评价指标	过程风险
第5.3条岗位、职责和权限	本标准要求；良好治理原则	合规管理体系中的岗位、职责和权限	明确合规管理体系中的岗位、职责和权限，确保合规管理体系得到有效运行	岗位、职责和权限分配的全面性和适宜性	(1)岗位、职责和权限不能覆盖本标准要求，有漏项；(2)岗位、职责和权限不匹配；(3)不能满足良好治理原则的要求

【体系建设建议】

针对过程风险1、2、3，建议组织对照标准要求建立职责分配表，并将岗位整合进入组织架构中，将职责和权限整合进入岗位说明书中，并在发布前经过评审和批准。

思考题

简述题：

1．请简述对"合规管理体系要求融入组织的业务过程"的理解。

2．请简述如何培养合规文化。

3. 请简述合规治理的基本原则。

4. 请列举合规方针应包括的主要内容。

5. 请简述在合规管理体系中治理机构和最高管理者职责和权限的差异。

6. 请简述在合规管理体系中合规团队的职责。

7. 请简述在合规管理体系中管理者的职责。

第五章

"策划"的解读和过程分析

一、第6.1条:应对风险和机会的措施

【标准要求】

在策划合规管理体系时,组织应根据4.1提及的事项和4.2提及的需求,并确定需要应对的风险和机会,以便:

——确保合规管理体系能够实现预期结果,

——预防或减少不利影响,

——实现持续改进。

在策划合规管理体系时,组织应结合:

——其合规目标(见6.2),

——经识别的合规义务(见4.5);

——合规风险评估结果(见4.6)。

组织应策划以下活动:

a) 应对这些风险和机会的措施;

b) 如何:

1) 将措施纳入合规管理体系过程并实施;

2) 评价这些措施的有效性。

【标准要点解释】

"在策划合规管理体系时,组织应根据4.1提及的事项和4.2提及的需求,并确定需要应对的风险和机会"是指整个合规管理体系是围绕着风险进行策划的,其中包括两类风险:不合规带来的合规风险(第4.6条)和影响合规管理体系有效性和能力的战略层面的合规管理体系风险。合规管理体系的策划不但要考虑影响合规管理体系有

效运作的战略层面的风险,而且要考虑不符合合规义务带来的运营层面的合规风险。战略层面的风险识别要考虑第 4.1 条所做的内外部事项分析的结果,这些事项是影响合规管理体系能力和有效性的;风险评估要考虑第 4.2 条相关方的需要和期望,这些相关方的重要程度和他们的关注点影响到了这些战略层面风险的等级和重要程度。

"在策划合规管理体系时,组织应结合:其合规目标(第 6.2 条);经识别的合规义务(第 4.5 条);合规风险评估结果(第 4.6 条)。"是指合规目标的高低影响到风险控制措施的力度和资源投入的多少;某些合规义务规定了组织的合规管理体系的框架、组织架构、职责分配、管理流程和绩效;合规风险评估的结果,作为合规管理体系运营层面策划的核心和重点。

合规管理体系的主要过程如:合规培训、运行控制、外包和绩效测量等是以合规管理体系风险和合规风险为重点进行策划和实施的。

"组织应策划以下活动:a)应对这些风险和机会的措施;"是指合规风险控制措施和战略层面合规管理体系风险控制措施均需进行策划。

策划的目的是预测可能发生的情况和后果,因此它是预防性的。根据合规风险评估的结果,组织宜策划如何在不利影响发生之前应对它们,以及如何从支持合规管理体系有效性的有利条件或环境中获益。

策划还宜包括确定如何将被认为对合规管理体系必要或有益的行动融入业务活动和过程中。这种融入能通过目标设定、运行控制或其他具体条款(例如:资源规定、能力)实现。还宜策划评价合规管理体系有效性的措施。这包括监视、测量技术、内部审核或管理评审。可以借助表 16 策划和管理重大合规管理体系风险/合规风险控制措施。

表 16 策划和管理重大合规管理体系风险/合规风险控制措施表

重大合规管理体系风险/合规风险	风险所有者	风险控制措施	责任人	完成时间	有效性验证方法	有效性验证结果	剩余风险 RPNr = S × O × D

【案例】

某个 IT 企业应对出口管制风险的措施:

◇ 设置出口合规官;
◇ 对所有客户及产品进行"负面清单"的筛查(包括通过电脑系统自动化检索相关的关键词以自动识别涉及是否与禁运对象或产品有关);
◇ 在首次与客户交易中对客户进行全面的背景调查;
◇ 要求客户对于产品的最终用途和最终用户做出书面保证等。

这些措施的整合的策划:在企业的组织架构中增加出口合规官岗位;在销售流程中,增加对所有客户及产品进行"负面清单"的筛查的要求,以及在首次与客户交易中对客户进行全面的背景调查、要求客户对于产品的最终用途和最终用户进行书面保证等要求,并将筛查结果、背景调查报告以及产品的最终用途和最终用户书面承诺作为合同签订的必要条件。

这些措施有效性评价的策划:检查出口合规官是否设立;抽查销售流程是否实施了"负面清单"的筛查、背景调查、书面保证;抽查部分已经执行合同,追查产品最终去向,是否存在违反出口管制的情况。

【过程分析】

表17 第6.1条:应对风险和机会的措施的过程分析表

过程	输入	输出	过程目的	过程评价指标	过程风险
第6.1条应对风险和机会的措施	第4.1条:内外部事项;第4.2条:相关方需要和期望;第4.5条:合规义务;第4.6条:合规风险评估	风险和机会的应对措施;将措施与业务活动整合的方法;评估措施有效性的方法	制定应对风险和机会的措施确保风险得到控制,并作为策划合规管理体系的重要依据	风险和机会的应对措施的充分性和可行性	(1)针对识别评估出的较高风险制定的措施不足以控制风险;(2)措施不可行;(3)没有策划如何整合;(4)没有策划如何评估有效性;(5)措施没有根据合规风险的变化及时进行调整

【体系建设建议】

针对过程风险1,建议企业成立项目小组运用创新项目管理模式,研究和制定风险控制措施;

针对过程风险2,建议企业召集相关部门对措施进行评审,"以确定在经济、技术、

可接受程度方面的可行性";

针对过程风险3、4,建议合规部门进行策划;

针对过程风险5,建议制定或修改风险处置过程的流程性文件,明确如果风险发生变化,合规部门组织重新制定或修订风险控制措施的要求。

(二) 第6.2条:合规目标及其实现的策划

【标准要求】

组织应在相关职能和层级上确立合规目标。

合规目标应:

a) 与合规方针一致;

b) 可测量(如果可行);

c) 体现适用的需求;

d) 予以监视;

e) 予以沟通;

f) 视情况予以更新;

g) 作为文件化信息可获取。

策划如何实现合规目标时,组织应确定:

——要做什么;

——需要什么资源;

——由谁负责;

——何时完成;

——如何评价结果。

【标准要点解释】

"相关职能和层级"如何理解?目标的作用主要有三个方面:(1)明确预期要实现的结果,为措施制定、资源投入提供依据;(2)根据目标的实现情况评价体系和措施的有效性;(3)通过将合规管理体系目标整合到绩效考核中,推动各部门积极参与,确保合规管理体系的有效运行。合规管理体系是围绕合规管理体系风险和合规风险进行策划的,合规管理体系的有效运行取决于合规管理体系风险和合规风险的有效控制,以及体系一些重要过程的能力,因此要围绕合规管理体系风险和合规风险控制措施的实施情况和效果,以及围绕体系实现一些重要过程的能力建立目标,明确责任部门,这些责任部门涉及不同的部门和层级,也就是标准所说的"相关职能和层级"。

目标宜以一种可测量其结果的方式来明确。合规目标举例:至少每年向相关人员提供合规培训。

宜确定实现目标所需的行动(即"什么")、相关的时间表(即"何时")和责任人(即"谁")。宜根据要求定期监视、记录、评估和更新目标的状态和进度。

【过程分析】

表18 第6.2条:合规目标及其实施策划的过程分析表

过程	输入	输出	过程目标	过程评价指标	过程风险
第6.2条 合规目标及其实施策划	第5.2条:合规方针; 第4.2条:相关方的需要和期望; 第4.6条:合规风险评估; 第6.1条:风险和机会的应对措施; 第9.1条:监视、测量、分析和评价	合规管理体系目标和目标实施计划	明确预期的结果,用于策划合规管理体系和风险控制措施;通过监视、测量目标的实现情况评价合规管理体系的有效性;通过将目标纳入绩效考核推动合规管理体系的有效运行	目标制定的适宜性、合理性;目标实施计划的充分性和可行性	(1)合规目标不合理; (2)合规目标不可行; (3)目标实施计划不充分; (4)目标实现计划不可行

【体系建设建议】

针对过程风险1和2,建议企业的合规部门除了在合规管理总体结果方面制定目标以外,还要围绕识别评价出的重大合规管理体系风险、合规风险、制定的风险控制措施以及体系重要过程,明确具体的责任部门,制定合规目标,将目标方案由相关部门讨论可行后,交最高管理层批准,与人力资源部门协商整合进入绩效考核方案。

针对过程风险3和4,建议各部门根据下达的目标,制定实施方案,交合规部门评审后实施,合规部门应策划对目标的测量和目标实施方案落实情况的检查。

三 第6.3条:针对变更的策划

【标准要求】

当组织确定需要变更合规管理体系时,应对这些变更的实施进行策划。

组织应结合:

——变更目的及其潜在后果;

——合规管理体系设计和运行的有效性;

——足够的资源的可获取性;

——职责和权限的分配或再分配。

【标准要点解释】

组织针对合规管理体系风险和合规风险制定的措施可能包括:方针目标的修订、组织架构的调整、职责和权限的调整、流程的变更和优化、资源配置的调整等,这些措施都是针对合规管理体系的变更。变更的目的是控制和降低风险,但是这些变更会带来新的风险,如职责权限变更后,有些岗位的合规风险变大;业务活动的改变带来新的合规义务和风险等,所以在管理体系变更实施前要评价变更带来的风险,并采取措施控制变更带来的风险。这些变更需要整合到业务过程中,需要对合规管理体系进行重新策划或者修订,并确保运行有效,达到控制和降低风险的目的。风险控制措施的实施可能需要新的或者更多的资源,这些资源是否配置到位可用直接影响到措施是否能够实施以及实施的效果。风险控制措施的实施也会涉及新的活动或者变更的活动,新的活动需要明确职责权限,变更的活动需要调整职责权限。以上这些针对合规管理体系变更的要求都是确保变更按照预期有效实施,达到改进合规管理体系的目的所必须考虑的。

【过程分析】

表19 第6.3条:针对变更的策划的过程分析表

过程	输入	输出	过程目的	过程评价指标	过程风险
第6.3条针对变更的策划	风险的控制措施	合规管理体系的变更策划	控制合规管理体系变更的风险,达到预期目的	合规管理体系变更策划的完整性和可行性	(1)没有在合规管理体系变更前进行风险评价; (2)变更策划不完善、不可行

【体系建设建议】

针对过程风险1,建议企业制订或者修改合规管理流程,明确在风险控制措施制定后,以及因为出现不合规或不符合制定的纠正措施实施前,对这些措施如:合规方针、合规目标的变更、组织结构的变更、流程和活动的变更等进行风险评价。

针对过程风险2,建议企业制订或者修改相关流程,要求合规管理体系的变更需要制定详细方案,并要求在实施前得到评审和批准,以确保方案的完善和可行。

思考题

简述题:

1. 请简述第6.1条"风险和机会的应对措施"中的"风险"包括哪两类风险。
2. 请简述第6.1条"风险和机会的应对措施"的过程风险和应对措施。
3. 请简述如何建立合规目标。
4. 请简述第6.2条"合规目标及其实现的策划"的过程风险和应对措施。
5. 请简述为什么要进行针对变更的策划?

第六章

"支持"的解读和过程分析

一、第7.1条:资源

【标准要求】

为建立、实施、维护和持续改进合规管理体系,组织应确定并提供所需的资源。

【标准要点解释】

资源包括财务、人力和技术资源,以及获得外部咨询和专业技能的机会、组织基础设施、职业发展情况、技术和关于合规管理与法律义务的同时期参考材料。上述资源是合规管理体系有效运行的基础条件。

【过程分析】

表20 第7.1条:资源的过程分析表

过程	输入	输出	过程目的	过程评价指标	过程风险
第7.1条:资源	第4.5条:合规义务; 第5.3条:岗位、职责和权限; 第6.1条:应对风险和机会的措施; 第6.2条:合规目标及其实现的策划	为建立、实施、维护和持续改进合规管理体系提供的资源	确保为建立、实施、维护和持续改进合规管理体系提供必要和适宜的资源	资源的充分性、适宜性	合规管理体系部分过程或者活动所需的资源不足或不适宜

【体系建设建议】

针对过程风险,建议企业应在建立、实施、维护和持续改进合规管理体系时,评估现有资源的能力和不足,制定资源配置计划,提供所需要的资源。

第7.2条：能力

（一）第7.2.1条 通则

【标准要求】

组织应：

——确定在其控制下工作、影响合规绩效的人员所需的能力；

——确保这些人员在适当的教育、培训或经验的基础上胜任工作；

——适用时，采取措施获得所需的能力，并评价所采取措施的有效性。

适当的文件化信息应作为能力证据可获取。

注：适当的措施可能包括，例如：向现有人员提供培训、指导或重新分工作；或者聘用或劳务雇用能够胜任的人员。

【标准要点解释】

"能力"指运用知识和技能实现预期结果的本领。能力需要知识、经验和技能，以便人员能以有效的方式履行其职能。组织宜为所有人员确定完成其任务所需的专业技能和知识，以便组织能向顾客提供其产品和服务。组织宜确立能力证据（例如：岗位描述、职位说明），以便担任该职位时进行考量。

宜采取措施（例如：培训）以便确保维持现有能力和根据需要获得新的能力。宜有足够的能力证明文件以及为维持或获得这些能力所采取的措施。

组织应识别和界定在组织控制下从事影响合规绩效的岗位，并对该岗位影响合规的因素进行分析。进行岗位分析和岗位能力分析，是满足"称职"要求的前提。

岗位分析可以采用横向对比和水平对比的方式，横向对比主要是比较组织内部所有岗位之间技能/能力/知识方面要求的高低、可测量到的贡献的大小、承担工作责任的大小等。水平对比则是基于组织所确定的战略目标比较和分析组织的竞争对手。

通过对上述分析方法或者其他合理方法分析后，从教育、培训或技能、经历等经验方面确定其能力。组织有必要建立岗位的能力模型，明确岗位的适用条件，确定员工考核的方法和准则。

组织应基于所辖岗位的能力标准，适时评价在岗人员是否能持续满足其能力的要求。对于能力达不到岗位任职要求的,组织应适时提出培训要求,综合考虑组织的人力资源规划,采取多样措施确保人员能力持续满足。

如使用外部提供,可能需要其他一些控制措施,例如,开展外包过程审核,制定合同和服务水平的协议等规定所需的能力要求。组织应根据能力对确保符合要求的重要性的不同,采取相应的不同措施。

(二) 第7.2.2条 聘用过程

【标准要求】

组织应针对其所有人员开发、确立、实施和维护以下过程:

a) 要求人员遵守组织的合规义务、方针、过程和程序,作为人员的聘用条件;

b) 在聘用后的适当期间内,新聘用人员能获得合规方针的副本或者有渠道获得合规方针,并获得关于合规方针的培训;

c) 对于违反组织合规义务、方针、过程和程序的人员,应采取适当的纪律处分。

作为聘用过程的一部分,组织应结合岗位和人员可能引发的合规风险,在任何聘用、调动和晋升之前按要求进行尽职调查。

组织应实施对绩效目标、绩效奖金和其他激励措施进行定期评审的过程,以验证是否有适当的措施来防止鼓励不合规。

【标准要点解释】

"要求人员遵守组织的合规义务、方针、过程和程序,作为人员的聘用条件",是指组织在招聘员工前需告知组织对合规的要求,明确员工必须聘用条件要求员工遵守组织的合规义务、方针、过程和程序,还要在与员工签订的聘用合同中明确这项要求。

"在聘用后的适当期间内,新聘用人员能获得合规方针的副本或者有渠道获得合规方针,并获得关于合规方针的培训",是指在员工入职培训中需要有合规方针的相关培训,不管是统一组织的培训,还是提供培训机会或材料让员工选择合理时间参加。

"对于违反组织合规义务、方针、过程和程序的人员,应采取适当的纪律处分",是指组织应建立针对不符合和不合规进行处罚的规定,并按照规定执行,以震慑不符合和不合规的发生。

"作为聘用过程的一部分,组织应结合岗位和人员可能引发的合规风险,在任何聘用、调动和晋升之前按要求进行尽职调查",是指根据合规风险评估的结果,对于较高合规风险涉及的岗位,在雇用员工或晋升现有人员之前,组织应当进行合规方面的尽职调查,其中包括个人证明材料或背景调查。尽职调查的目的是管控合规风险,消除和降低员工自身的原因带来的风险,降低其他措施带来风险管控的成本。

在人员聘用过程中,对于人员的尽职调查,组织可采取以下行动:

(1)在和员工面试和沟通时,可讨论组织的合规方针和政策,评估他们是否理解并认可合规的重要性;

(2)采取合理步骤,验证人员的资格是否符合要求;

(3)采取合理措施,从员工以前的雇主那里获得令人满意的推荐信;

(4)采取合理步骤,核实本组织没有为换取相关人员在以前的工作中给予本组织不适当的利益以作为雇佣的条件;

(5)确保本组织雇佣人员的目的不是为本组织争取不适当的优惠待遇。

"组织应实施对绩效目标、绩效奖金和其他激励措施进行定期评审的过程,以验证是否有适当的措施来防止鼓励不合规",是指绩效目标、绩效奖金和其他激励措施如果设置不合理——过高、力度过大、处罚过严,可能迫使员工采取不合规行为以获取高额的奖励和收益,或为了避免受到严厉的处罚。这些绩效目标、绩效奖金和其他激励措施需要有评审的证据。如果组织存在发生不合规问题的风险,应制定措施控制和降低风险。

(三)第7.2.3条 培训

【标准要求】

组织应定期对有关人员进行培训,培训应在聘用开始时和组织策划的时间间隔实施。

培训应:

a)适合于人员的岗位及其面临的合规风险;

b)进行有效性评估;

c)进行定期评审。

结合已识别的合规风险,组织应确保实施程序对代表组织开展业务并可能给组织带来合规风险的第三方进行培训,提高其合规意识。

培训记录应作为文件化信息予以保留。

【标准要点解释】

培训应"适合于人员的岗位及其面临的合规风险"是指不同岗位、不同职责、不同权限的人员面临的合规风险是不同的,所以应根据不同人员的岗位、职责和权限培训不同的内容、安排不同的培训时长和频次。以培训作为形式,目的是确保治理机构、管理者和负有合规义务的人员宜有能力有效履行其义务。有多种方式可获得能力,包括通过教育、培训或工作经验获得所需的技能和知识。培训计划的目标是确保人员有能力以符合本组织合规文化和对合规的承诺的方式履行其岗位职责。

经过适当设计和执行的培训能为人员提供一个有效的方式以沟通之前未识别的合规风险。

教育和培训宜:

——在适当的情况下,基于对员工知识和能力差距的评估;

——有足够的灵活性,覆盖了一系列技术,以适应组织和人员的不同需要;

——由经验丰富和有资格的员工进行设计、开发和提供;

——适用时以当地语言提供;

——定期评估和评价其有效性。

如果不合规会造成严重后果,那么互动式培训是最好的培训形式。

组织宜对已发生不当行为的领域进行培训。

当出现下列情况时,宜考虑进行合规再培训:

——职位或职责的变化;

——内部方针、过程和程序的变更;

——组织结构的变化;

——合规义务的变更,特别是法律要求或相关方的需求的变化;

——活动、产品或服务的变化;

——产生于监视、审核、评审、投诉和不合规的问题,包括相关方反馈。

"结合已识别的合规风险,组织应确保实施程序对代表组织开展业务并可能给组织带来合规风险的第三方进行培训,提高其合规意识"是指通过合规风险评价识别出的可能给组织带来较高合规风险的第三方,组织可以通过自己为第三方提供培训、要求第三方自己培训或者委托其他机构为第三方培训的方式,确保高风险的第三方提高合规意识和控制能力,降低合规风险。

【过程分析】

表21　第7.2条：能力的过程分析表

过程	输入	输出	过程目的	过程评价指标	过程风险
第7.2条：能力	第4.5条：合规义务； 第4.6条：合规风险评估； 第5.3条：岗位、职责和权限； 第6.1条：应对风险和机会的措施； 第6.2条：合规目标及其实现的策划	有合规义务的治理机构、管理层和所有人员以及第三方履行合规义务的能力	确保有合规义务的治理机构、管理层和所有人员以及第三方都具备有效履行合规义务的能力	有合规义务的治理机构、管理层和所有人员以及第三方在合规义务履行能力方面的合格率； 培训的覆盖率和有效性	(1)岗位任职资格要求不满足合规义务要求或与岗位职责和风险不匹配； (2)较高风险岗位员工没有在聘用、转岗和晋升前进行尽职调查； (3)没有对绩效目标、绩效奖金和其他激励措施进行定期评审； (4)员工合规培训与岗位风险不匹配； (5)没有采取有效措施对高风险第三方进行合规培训； (6)没有进行培训效果评估

【体系建设建议】

针对过程风险1，建议企业合规部门识别合规管理的关键岗位，与人力资源部一起修订岗位任职资格要求；

针对过程风险2，修订人力资源管理流程文件，要求高风险岗位员工在聘用、转岗和晋升前进行合规方面的尽职调查，并明确尽职调查的方法和要求；

针对过程风险3，明确责任，要求合规部门定期评审绩效目标、绩效奖金和其他激励措施，如果存在较高风险，应采取措施；

针对过程风险4，要求员工的合规培训必须有针对性，合规部门要对合规培训计划和培训内容进行评审，对培训和实施情况进行检查；

针对过程风险5，将合规培训要求作为与较高合规风险第三方合同的必要条款。

合规部门应安排定期检查与较高风险第三方签订的合同中是否有对合规培训的要求,并检查合规培训要求的实施情况;

针对过程风险6,通过内部审核进行检查。

三、第7.3条:意识

【标准要求】

在组织控制下工作的人员应知道:

——合规方针;

——他们对合规管理体系有效性的贡献,包括改善合规绩效带来的效益;

——不符合合规管理体系要求的后果;

——提出合规疑虑的方法和程序(见8.3条);

——工作岗位的合规义务与合规方针的关系;

——支持合规文化的重要性。

【标准要点解释】

应知道"工作岗位的合规义务与合规方针的关系"是指员工要了解如何按照合规方针的要求落实与其岗位相关的合规义务。

合规意识是合规文化的重要构成和体现。通过评价员工是否具备良好的合规意识,来判断组织的合规文化的成熟度。合规意识教育是组织合规文化建设的重要组成部分,组织需从核心价值观层面构建组织的合规文化并且固化和推广。

对组织的员工而言,除了能力提升方面的培训外,还必须接受合规意识方面的培训,这也涉及组织合规核心价值观的培训和合规意识的养成。

必须使员工意识到合规的重要性,不能满足合规要求所造成的不良后果;使员工了解与职责相关的不合规可能发生的情况,如何识别这些情况,以及如何和向谁举报。

通过培训和沟通使员工提高合规意识,意识到自己从事的活动与组织发展和合规管理的关联性。培训和沟通的形式可多样化,具备灵活性。

意识涉及确保所有人员都能访问、利用并理解合规方针。

提高合规意识的方法包括但不限于:

——培训(面对面或在线);

——与最高管理者沟通;

——易于参照执行和容易获得的参考资料;

——定期更新合规问题。

沟通对合规的承诺将:

——建立意识并鼓励人员接受合规管理体系;

——鼓励员工提出有助于持续改进合规绩效的建议。

【过程分析】

表22 第7.3条:意识的过程分析表

过程	输入	输出	过程目的	过程评价指标	过程风险
第7.3条:意识	第4.5条:合规义务; 第4.6条:合规风险评估; 第5.2条:合规方针; 第5.3条:岗位、职责和权限	组织的所有人员履行合规义务的意识	确保组织的所有人员具备有效履行合规义务的意识	具备良好合规意识人员的比率	部分人员不具有良好的合规意识

【体系建设建议】

针对过程风险,建议企业将提升员工合规意识作为培养企业合规文化的重要组成部分,制定措施和明确的计划以培训和提升员工的合规意识,并定期检查和评估员工的合规意识。

四 第7.4条:沟通

【标准要求】

组织应确定与合规管理体系有关的内部和外部沟通,包括:

a) 沟通什么,

b) 何时沟通,

c) 与谁沟通,

d) 如何沟通。

组织应：

——结合沟通需求，综合考虑沟通的多样性和潜在障碍；

——确立沟通的过程，确保结合了相关方的意见；

——在建立沟通过程时：

- 应将其合规文化、合规目标和义务纳入沟通内容；
- 应确保所沟通的合规信息与来源于合规管理体系的信息一致且可信；

——对与合规管理体系相关的沟通内容进行回应；

——视情况，保留文件化信息作为其沟通的证据；

——在组织的各层级和职能内部沟通与合规管理体系有关的信息，视情况包括合规管理体系的变更；

——确保人员能在沟通过程中为合规管理体系的持续改进做出贡献；

——确保人员能在沟通过程中提出合规疑虑（见8.3条）；

——通过组织确立的沟通过程，对外沟通包括其合规文化、合规目标和义务在内的与合规管理体系相关的信息。

【标准要点解释】

宜根据本组织的方针，采取面向所有相关方的务实的对外沟通方式。组织应识别与其紧密相关的相关方及相关方的需要和期望，建立内外部沟通渠道，明确内外部沟通的安排、时机和内容，以确保合规管理体系的效率。

相关方包括监管机构、顾客、承包商、供应商、投资者、应急服务机构、非政府组织和周遭人士。

监管机构是组织合规管理最重要的相关方，组织宜分配适当的资源和具有相关知识的人以协调和促进与监管的互动。

沟通方式可包括网站和电子邮件、新闻稿、广告和定期通讯、年度（或其他定期）报告、非正式讨论、开放日、焦点小组、社区对话、参与社区活动和热线电话。这些方法能促进理解和接受组织对合规的承诺。

组织应围绕合规管理体系前期策划所识别的各相关方及相关方的需要和期望，策划和确定不同的沟通方式、时机和责任，尤其对于组织外部直接影响合规绩效的各相关方，更应该加强沟通和及时反馈。

沟通宜坚持透明、适当、可信、响应、可接触和清晰的原则。

【过程分析】

表 23　第 7.4 条:沟通的过程分析表

过程	输入	输出	过程目的	过程评价指标	过程风险
第 7.4 条:沟通	第 4.2 条:相关方的需要和期望; 第 4.5 条:合规义务; 第 5.1.2 条:合规文化; 第 5.2 条:合规方针; 第 6.2 条:合规目标及其实现的策划; 第 7.2 条:能力; 第 7.5 条:文件化信息; 第 8.3 条:提出疑虑; 第 9.1 条:合规绩效	组织内外部的各种沟通	确保组织内部各部门和各层级以及组织外部相关方能够协调一致	沟通的有效性和及时性	沟通渠道不畅通、效果差

【体系建设建议】

针对过程风险,建议组织梳理各种沟通需求,策划沟通对象、内容、渠道、方式、时机等,定期检查沟通渠道是否存在问题,评审沟通效果如何。

五　第 7.5 条:文件化信息

(一)第 7.5.1 条　通则

【标准要求】

组织的合规管理体系应包括:

a)本文件要求的文件化信息;

b)组织确定的,对于合规管理体系有效性所必需的文件化信息。

注:不同组织的合规管理体系文件化信息的程度可能不同,取决于:

——组织的规模及其活动、过程、产品和服务的类型;

——过程及其相互作用的复杂度;

——人员的能力。

【标准要点解释】

"本文件要求的文件化信息"是指标准中明确要形成文件的,如:第 4.3 条"范围应作为文件化信息可获取",第 4.5 条"组织应维护其合规义务的文件化信息。"

"组织确定的,对于合规管理体系有效性所必需的文件化信息"是指组织通过分析认为有必要形成文件的,如在第4.5条中对于合规义务虽然没有明确要求建立文件化合规义务识别和更新的管理流程,但是组织为了确保合规义务识别和更新的有效性和及时性,自己可以建立文件化的合规义务识别和更新的管理流程。

文件化信息包括:

——组织的合规方针和程序;

——合规管理体系的目标、指标、结构和内容;

——合规岗位和职责的分配;

——相关合规义务的登记册;

——合规风险登记册,并根据合规风险评估过程确定相关措施的优先级;

——不合规、近乎不合规和调查的记录;

——年度合规计划;

——人员记录,包括但不限于培训记录;

——审核过程、审核时间表及相关审核记录。

文件化信息能包括与监管报告要求有关的事项。文件化信息可包括各类媒介(数字的和非数字的)。

组织要建立的是文件化的合规管理体系,而不只是一个文件体系。文件有管控过程确保目标实现的作用,但是也存在规定僵化影响效率的问题,文件不是越多越好,而是应与组织的规模、活动类型、过程、产品和服务、过程及其相互作用的复杂程度、人员的能力相适应。是否需要建立文件和文件的详细程度取决于利大于弊还是弊大于利,如果过程复杂、过程风险高、人员能力不足,应考虑制定文件,针对过程风险明确控制要求,考虑牺牲一定的过程效率以确保过程受到应有的控制、达到预期的结果。反之如果过程简单、过程风险低、人员能力强,可以不制定文件或者简化文件内容,提高过程效率。对于记录、档案等证实性文件,需要考虑过程控制的需要、合规义务的要求以及举证的需要,确定要制定的必要证据性文件。

(二) 第7.5.2条 文件化信息的创建和更新

【标准要求】

在创建和更新文件化信息时,组织应确保适当的:

——标记和说明(例如,标题、日期、作者或文件编号);

——形式(例如,语言文字、软件版本、图形)和载体(例如,纸质的、电子的);

——针对适宜性和充分性的评审和批准。

【标准要点解释】

宜更新文件化信息以反映内部和外部的变化,进而确保它们是现行和最新的。这些形成文件的信息包括书面文件、计算机硬盘、光盘或者数据库中存放的文件,以及录音、录像、样板/示范、照片或者图样等。典型的文件有:政策性文件(如合规方针)、目标、指标;跨部门的流程性管理文件;清单、档案、报告等证实性文件。

形成文件的信息通常包括组织内部产生的文件和源自外部的文件。内部文件包括从规章制度层面建立的制度、办法、规定和实施细则,以及各类记录、档案等;同时组织还要考虑来自外部的文件,如法律法规、监管要求、国际公约、技术规范等。

(三) 第7.5.3条"文件化信息的控制"

【标准要求】

应控制合规管理体系和本文件要求的文件化信息,以确保其:

a) 在需要的场所和时间均可获得并适于使用;

b) 得到充分保护(例如,防止泄密、不当使用或完整性受损)。

为了控制文件化信息,组织应开展以下适用的活动:

——分发、访问、检索和使用;

——存储和防护,包括保持易读性;

——对变更的控制(例如,版本控制);

——保留和处置。

对于组织确定的、策划和运行合规管理体系必要的、来自外部的文件化信息,应视情况进行识别,并予以控制。

注:访问可能意味着只允许查看文件化信息的权限,或者允许并授权查看和变更文件化信息的权限。

【标准要点解释】

对形成文件的信息的控制也包括对其编制、审核、批准、标识、发放、使用、更改、再次批准、回收和作废的全过程管理。在形成文件的信息发布前,应经过评审,由授权的人员对其批准,确保文件的充分性。文件的编制人员应对文件的有效性负责,文件的批准人应对实施的后果负责。组织应控制文件修改、发放、回收、标识以防止误用作废文件。文件的发放对象应在每个文件发放前明确,以确保能够在使用处及时获得适用文件的有效版本。受控文件的流向应确保可追溯。

文件化信息能以获取法律建议为目的编制,因此能成为法定豁免权的行使对象。

记录和档案也是文件化信息的一种,是为了说明所取得的结果,或提供所完成活动的证据的目的建立的。记录所提供的信息可能会作为采取纠正措施的依据,应确保其真实性、可追溯性、规范性,应对记录的标识、贮存、保护、检索、保存期限和处置进行控制。

【过程分析】

表 24　第 7.5 条:文件化信息的过程分析表

过程	输入	输出	过程目的	过程评价指标	过程风险
第 7.5 条:文件化信息	本标准的要求;第 4.5 条:合规义务	组织建立的文件化信息	确保组织建立的文件化信息是充分和适宜的;并确保各岗位得到并保持最新有效的文件化信息	文件化信息的充分性、适宜性;文件化信息管控的有效性	(1)缺少满足本标准要求的必要的文件或记录;(2)发布前没有得到适当评审或批准;(3)关键岗位未获得必要的文件;(4)失效文件仍在使用;(5)记录没有得到有效保管等

【体系建设建议】

针对过程风险 1,建议企业对照本标准的要求,列出必须建立的文件、记录清单,并根据合规管理体系各过程分析的结果和合规义务的要求,确定有必要建立的文件和记录,考虑尽可能与企业原有文件、记录的整合。

针对过程风险 2、3、4、5,因为大多数企业已经按照其他管理体系(如质量管理体系)要求建立了文件、记录的管理规定或系统,只需要将合规管理体系文件、记录纳入企业原有的文件和记录管理文件或系统进行统一管理就可以了。

思考题

简述题:

1.请简述组织对较高风险岗位的员工进行尽职调查的原因和方法。

2. 请简述对第三方进行合规培训的原因。
3. 如何理解培训应"适合于人员的岗位及其面临的合规风险"。
4. 请列举至少三项提高合规意识的方法。
5. 请说明组织如何判断是否需要建立文件以及如何确定文件的详细程度。

第七章

"运行"的解读和过程分析

一 第8.1条:运行的策划和控制

【标准要求】

为满足要求和实施第6章确定的措施,组织应通过以下方式策划、实施和控制所需的过程:

——对过程确立准则;

——按照准则对过程实施控制。

文件化信息应根据必要程度可获取,以便确认过程已按照策划得到实施。

组织应控制已策划的变更,并评审非预期变更的后果,必要时采取措施减轻不利影响。

组织应确保与合规管理体系相关的,由外部提供的产品、过程或服务受控。

注:对组织运行的外包不会免除组织的法律责任或合规义务。

组织应确保第三方过程得到控制和监视。

【标准要点解释】

"为满足要求"中的"要求"是指合规义务要求、合规管理体系要求、合规方针要求等。

"对过程确立准则"是指将合规义务要求、合规管理体系要求、合规方针要求以及第6.1条"应对风险和机会的措施"、第6.2条"合规目标及其实现的策划"整合进入组织的业务过程中,作为过程的要求。例如在销售流程中,为了应对出口管制风险,将出口产品筛查和客户背景调查作为签订销售合同的前置条件,这就是过程准则。

一个精心设计的合规管理体系包括各项措施(例如:方针、过程、程序),使得合规文化既有内容又有效果。这些措施应对并旨在减少合规风险评估过程所识别的部分风险。如果设计良好,既能为合规文化的建立提供内容,又能产生控制风险的效果。

运行控制的一个基本要件是行为准则,其中规定了本组织对相关合规义务的全面承诺。行为准则宜适用于所有人员并使其能够获得和使用。宜将基于并源自行为准则的合规措施纳入本组织的日常运行,以培育合规文化。

在缺少与业务过程有关的运营控制可能导致偏离合规方针或违反合规义务的情况下,需要对运行进行控制。这些情况可能与所有业务情况、活动或过程(例如:生产、安装、服务、维护)或承包商、供应商或销售商有关。

控制的程度取决于几个因素,如所履行的职能的重要性或复杂性、不合规的潜在后果、相关的或可用的技术支持。

当运行控制失效时,则有必要采取措施来应对一切不期望的结果或影响。

如果组织活动中使用了第三方或外包过程,组织宜对其进行有效的尽职调查,以确保组织对合规的标准和承诺不会降低。第三方的一个例子是产品和服务的提供以及产品的分销。组织宜确保签订适当的服务水平协议(SLAs),以规定服务提供者的合规义务。

一个设计良好的外包过程宜考虑以下几点:
——启动和持续的尽职调查;
——实施适当的控制;
——进行持续的监视;
——对法律/合同协议的适当评审;
——考虑服务水平协议;
——使用基于本文件认证的第三方。

在与第三方订立合同时,组织宜实施控制,以确保其活动的采购、运行、业务和其他非财务方面得到适当管理。根据组织和交易的规模,组织实施的采购、运行、业务和其他非财务控制能降低合规风险。例如采购前的提供资质、合规的证明、尽职调查、施工方案的评审、现场的检查、要求提供第三方检验报告等。

第6章所要求确定的合规管理体系风险和合规风险的控制措施以及目标的实施方案,都是合规管理体系有效运行的关键,需要在第8章实施,实施过程需要将这些措施和方案整合到组织的业务过程,作为业务过程的要求或者其中的一部分进行落实。如为了控制新冠疫情防控风险,企业需要修改门卫制度、货物验收规定、内部食堂的管理规定等。如果重大合规风险涉及第三方,同样也要将这些风险控制措施整合到对第三方的控制过程中,如为应对法规要求对非洲猪瘟的检测要求带来的合规风险,涉及对猪肉的供应商的合规管控,可能的措施包括:(1)要求供应商提供生猪收购来源的证明;(2)提供每批次的非洲猪瘟第三方检测报告;(3)通过第二方审核的方式核实供应商对于非洲猪瘟的管控措施制定和落实监督情况等。前两项措施需要修改猪肉原料验收标准,作为企业对猪肉原料验收的项目之一,第3条措施需要修改企业对猪肉供应商实施第二方审核的要求,也就是将合规风险控制措施整合到业务过程作为控制准则。

组织在运行过程中落实第6.3条"针对变更的策划",确保变更的措施按照预期实施,但应充分考虑一旦原有的策划方案不适应实际的情况给组织带来不利影响(如对一些极端的防疫政策严重影响业务开展);或者是一些并非组织策划的变更的出现,如防疫物资短缺带来防控措施无法落实;防疫检测需求大幅度增加造成防疫检测防控系统瘫痪;暴雨造成地铁隧道被淹危及旅客安全等。组织需要评估这些不利影响,必要时采取措施,如修改防疫措施、升级系统、组织抢险救援等。

【过程分析】

表25　第8.1条:运行的策划和控制的过程分析表

过程	输入	输出	过程目的	过程评价指标	过程风险
第8.1条:运行的策划和控制	第6.1条:应对风险和机会的措施;第6.2条:合规目标及其实现的策划;第6.3条:针对变更的策划	按照变更的策划方案,合规管理体系风险和合规风险控制措施、目标实施方案得到落实	确保合规管理体系风险和合规风险控制措施、目标实施策划得到落实	合规管理体系风险和合规风险控制措施执行率和有效性;合规目标的完成率;合规目标实施方案的完成率;变更策划的执行率	(1)部分风险控制措施没有整合到业务过程中;(2)没有按照策划的过程要求实施;(3)目标实施策划没有得到落实;(4)变更没有按照变更的策划方案实施;(5)变更(策划的或非预期)产生了不利的后果,没有及时采取措施;(6)没有对外包过程和外部提供的产品服务实施有效的控制措施

【体系建设建议】

针对过程风险1和6,合规部门应建立合规管理体系风险和合规风险控制措施实施的跟踪机制,要求责任部门及时反馈合规管理体系风险和合规风险控制措施实施的策划结果,其中包括外包过程和外部提供的产品服务。

针对过程风险2和3,制订绩效监视测量计划,检查合规义务和合规风险控制措施以及目标实施策划实施情况。

针对过程风险4和5,建议企业严格按照变更的策划实施,合规部门跟踪变更的实施情况并关注非预期的变更,一旦发现有不利的影响应及时采取措施。

二 第8.2条:确立控制和程序

【标准要求】

组织应实施控制以管理其合规义务和相关合规风险。应对这些控制进行维护、定期评审和测试,以确保其持续有效。

注:测试控制是指实施经过设计的活动以检验控制是否按照既定目的运行,或者不能被规避,或者切实有效地降低风险的后果或可能性。

【标准要点解释】

第8.1条和第8.2条虽然都是实施过程,但是在合规管理体系中有明确的分工,第8.1条主要是落实第6.1条的措施、第6.2条"合规目标及其实现的策划"和第6.3条"针对变更的策划",第6.1条的措施是针对评估出的合规管理体系的战略层面的较高风险和合规义务带来的较高合规风险;而第8.2条主要是落实合规义务,不管合规义务带来的合规风险的高低。组织需要有效的控制,以确保组织的合规义务得以履行,不合规得以防止、发现和纠正。控制的设计宜足够严格,以促进在特定的组织活动和运行环境中实现合规义务。在可能的情况下,这种控制宜嵌入到组织的正常过程之中。

控制包括:

——清晰、实用且易于遵守的文件化运行方针、过程、程序和工作指示;

——系统和例外报告;

——批准,例如:通过管理层的评审以确保合规;

——分离不相容的岗位和职责;

——自动化过程,例如:自动化生产线、业务活动App等避免人为因素的影响或执行的差错率或随意性;

——年度合规计划,例如:针对消防设施不足或不符合新的合规义务要求制定的合规整改计划,以解决实际或潜在的不合规问题;

——人员绩效计划,例如,针对一些合规绩效不达标的员工制定的合规绩效提升计划;

——合规评估和审核,以评价过程、产品或服务是否存在不合规;

——证实的管理层承诺和模范行为,以及其他促进合规行为的措施;

——就员工的预期行为(标准、价值观、行为准则)进行积极、公开和频繁的沟通。

控制措施类型很多,要针对具体的合规义务和合规风险进行策划。

控制措施的实施要整合到组织的业务过程中,形成程序,作为过程的准则。合规义务和控制措施应作为业务过程不可分割的一部分,避免在进行业务活动时忽略或有意回避这些合规义务或控制措施,影响合规义务的落实和措施的有效性。

在开发支持合规管理的程序时,宜考虑:

——将合规义务纳入程序,包括计算机系统、表格、报告系统、合同和其他法律文件;

——与组织中其他评审和控制职能的一致性,如质量管理、安全管理;

——持续监视和测量;

——评估和报告(包括管理监督),以确保雇员遵守程序;

——识别、报告和上报针对不合规的情况与不合规的风险的具体安排。

"应对这些控制进行维护、定期评审和测试,以确保其持续有效"是指如果使用设备、软件或 App 作为控制措施,需要对其进行维护。如果签订了服务水平协议、安排了尽职调查,需要对协议条款和尽职调查的方式和手段进行定期评审。同时可以模拟黑客攻击、神秘顾客等方式对系统或控制措施进行测试,以确保其有效。

【过程分析】

表 26 第 8.2 条:确立控制和程序的过程分析表

过程	输入	输出	过程目的	过程评价指标	过程风险
第 8.2 条:确立控制和程序	第 4.5 条:"合规义务";第 4.6 条:"合规风险评估"	为落实合规义务、控制合规风险,建立必要的控制和程序	通过建立控制和程序,有效落实合规义务,控制合规风险	合规义务控制措施和程序的合理性和有效性	(1)针对识别出的合规义务没有建立必要的控制措施;(2)建立的控制措施不合理、不充分,不足以履行合规义务和控制合规风险;(3)合规义务的控制没有整合进入相关程序;(4)没有对控制措施进行评审和测试

【体系建设建议】

针对过程风险1、3和4,建议合规部门应定期检查合规义务是否建立必要的控制措施,以及这些措施是否与组织业务活动进行了整合,得到实施、监视、测量和报告;

针对过程风险2,建议由合规部门在绩效监视和测量计划中安排,并进行检查和测量,以检验控制措施的有效性。

三、第8.3条:提出疑虑

【标准要求】

组织应确立、实施并维护一个报告过程,以鼓励和促进(在有合理理由相信信息真实的情况下)报告试图、涉嫌或实际存在的违反合规方针或合规义务的行为。

该过程应:

——在整个组织内可见并可访问;

——对报告保密;

——接受匿名报告;

——保护报告者免于遭受打击报复;

——便于人员获得建议。

组织应确保所有人员了解报告程序、了解其自身的权利和保障机制,并能运用相关程序。

【标准要点解释】

举报机制可以及时发现一些不合规,使组织能够采取措施,避免不合规的再次发生,同时可以通过举报机制震慑故意采取的不合规行为。举报机制能够良好运行的前提是员工愿意、敢于并且能够通过合适的渠道进行举报,这需要建立在良好合规文化、方便畅通的举报渠道、完善的信息保密措施和员工保护的基础上。没有举报或者举报较少,大多数情况下不是因为组织的合规管理高、绩效好,而是因为组织文化并不真正鼓励举报或保密措施不到位。

适宜时,宜上报至最高管理者和治理机构,包括相关委员会。

即使当地法规未作要求,组织也宜考虑开发匿名或保密的举报人机制,以便组织的员工和代理方能报告不合规或寻求关于不合规的指导,而不必担心遭到报复。

有关举报管理体系的更多指导,请参见 ISO 37002。

在组织内建立合规举报机制,也是合规文化建设的一个重要方面。在具体的实施中,要让员工明确了解报告的渠道和程序,同时对举报人员进行保护,鼓励对不合规的报告。

【过程分析】

表 27　第 8.3 条:提出疑虑的过程分析表

过程	输入	输出	过程目的	过程评价指标	过程风险
第 8.3 条:提出疑虑	第 4.5 条:合规义务;第 5.1.2 条:合规文化;第 5.2 条:合规方针	对试图、涉嫌或实际存在的违反合规方针或合规义务的行为的报告	及时发现试图、涉嫌或实际存在的违反合规方针或合规义务的行为,便于组织采取措施控制风险,同时震慑不合规的发生	有效举报的数量	(1)举报渠道不畅通;(2)保密措施不充分;(3)对举报员工的保护不充分;(4)员工对举报程序、权利和保护不了解;(5)没有建立良好的举报氛围和文化

【体系建设建议】

针对过程风险 1,建议合规部门定期测试各种举报渠道是否畅通;

针对过程风险 2,合规部门应评估举报信息的保密措施是否存在漏洞,并采取措施堵塞漏洞;

针对过程风险 3,调查了解员工对举报的顾虑和是否存在打击报复的情况,并针对性采取措施;

针对过程风险 4,对员工进行培训考试,确保员工了解举报程序、权利和保护;

针对过程风险 5,合规部门采取措施引导并鼓励善意的举报。

四 第8.4条:调查过程

【标准要求】

组织应开发、确立、实施并维护过程,以评估、评价、调查有关涉嫌或实际的不合规情形的报告,并做出结论。这些过程应确保能公平、公正的做出决定。

调查过程应由具备相应能力的人员独立进行,且避免利益冲突。

组织应视情况利用调查结果改进合规管理体系(见第10章)。

组织应定期向治理机构或最高管理者报告调查的次数和结果。

组织应保留有关调查的文件化信息。

【标准要点解释】

"这些过程应确保能公平、公正的做出决定"是指调查程序应对举报信息进行甄别,对调查过程进行有效管控,确保公平公正,避免忽视不合规的有价值的线索,保护举报人员的积极性,提高调查的有效性,力图发现真正存在的不合规并追究责任,但也要避免误伤员工、避免成为某些别有用心的人对其他员工报复的渠道和工具。

调查的目的是及时发现不合规和管理漏洞,并通过处罚责任人员,震慑一些故意不合规行为的发生,通过采取措施堵塞漏洞降低这些不合规发生的风险。

有效的合规管理体系的一个特点是具有功能良好的机制,以便及时、彻底地调查对本组织、其人员或有关第三方不当行为的任何指控或怀疑。这包括组织的响应文件、采取的一切处分或补救措施,以及结合经验教训对合规管理体系的修订。

有效的调查机制能确认不当行为的根源、合规管理体系的漏洞和责任缺失的原因,包括管理者、最高管理者和治理机构之间的责任缺失。缜密的根源分析涉及不合规的程度和普遍性,牵涉的人员的数量和水平,以及严重性、持续时间和频率。

根据事件的严重程度,应采取必要和适当的行动,例如,对违反合规方针或合规措施的人员进行纪律处分(警告甚至解聘);向监管机构报告;改进合规控制措施,以防再次发生类似事件。

组织宜确保调查是公正和独立的。适当时,组织宜考虑创建独立的委员会来监督调查,并保证调查的完整性和独立性。

组织宜确立关于调查的报告机制,包括报告调查结果的级别。

注:法律有时要求组织报告不合规。在这种情况下,监管机构根据适用的法规或其他商定的方式被告知。

即使法律不要求组织报告不合规,组织也能考虑主动向监管机构披露不合规,以减轻不合规的后果。组织这样做展现出组织对待不合规的态度和诚信,另外监管机构也鼓励这种主动报告不合规的行为,会使组织免于处罚或减轻处罚。

运作良好的举报和调查机制的建立是合规管理体系有效运行的保障。基于合规风险评估的结果,组织对较高风险投入更多资源,采取更加严厉的控制措施,对低风险维持原有措施,以达到提高管理效率的目的。但是低风险不代表无风险,组织通过建立举报和调查机制,及时收集举报信息,彻底地调查对本组织、其员工或有关第三方不当行为的任何指控或怀疑,采取处罚或补救措施,对合规管理体系进行修订,是对基于风险进行合规管理的重要补充。

【过程分析】

表28　第8.4条:调查过程的过程分析表

过程	输入	输出	过程目的	过程评价指标	过程风险
第8.4条:调查过程	有关涉嫌或实际的不合规情形的报告	不符合和不合规调查报告	确认不符合和不合规事实、原因和责任,为采取处罚措施和改进合规管理体系提供依据	调查报告质量;结案率	(1)调查人员缺乏独立性; (2)调查人员能力差; (3)调查过程不客观不公正; (4)调查手段不合规; (5)调查结果没有汇报给治理机构和最高管理者; (6)调查结果没有得到有效使用

【体系建设建议】

针对过程风险1,建议组织对调查人员的独立性进行审查,签订不存在利益冲突的承诺书;

针对过程风险2,修改岗位说明书和任职资格要求,招聘选拔有调查能力的人员从事调查工作;

针对过程风险3、4,制定调查规范,明确调查过程的要求,确保合规和客观公正;

针对过程风险5,企业可以通过内部审核对调查过程进行监督,关注调查报告上报的及时性;

针对过程风险6,合规部门应跟踪调查报告对所发现问题的后续处理措施。

思考题

简述题：

1. 请简述对第 8.1 条"对过程确立准则"的理解。
2. 请列举至少三项合规管理体系中对外包过程可以采取的措施。
3. 请简述组织在制定支持合规管理的程序时应当考虑哪些方面。
4. 简述举报机制的作用。
5. 请简述第 8.3 条可能涉及的过程风险。
6. 请简述有效举报机制的建立需要具备的条件。
7. 请简述如何理解第 8.4 条中"这些过程应确保能公平、公正的做出决定"。

第八章

"绩效评价"和"改进"解读和过程分析

一、第9.1条:监视、测量、分析和评价

(一)第9.1.1条 通则

【标准要求】

组织应对合规管理体系进行监视,以确保实现合规目标。

组织应确定:

——需要监视和测量什么;

——适用的监视、测量、分析和评价的方法,以确保有效的结果;

——何时实施监视和测量;

——何时对监视和测量的结果进行分析和评价。

文件化信息应作为结果证据可获取。

组织应评价合规绩效和合规管理体系的有效性。

【标准要点解释】

"组织应对合规管理体系进行监视,以确保实现合规目标"是指组织建立合规管理体系的目的是控制合规风险,对合规风险控制到什么程度是通过合规目标的建立进行明确的。因此,对合规管理体系进行监视的目的是评价合规管理体系的绩效(结果)和过程的有效性,确保合规风险受控,并达到目标确定的程度。

"组织应确定需要监视和测量什么"是指要确定监视和测量的项目或者对象。

"监视"的定义是确定体系、过程或活动的状态。监视是为了评估合规管理体系的有效性和组织的合规绩效而收集信息的过程。"测量"的定义是确定数值的过程。

合规管理体系的监视通常包括:

——第7.2条针对培训的有效性,如计划执行率;

——第8.2条针对合规义务和合规风险建立的控制措施的有效性,例如通过抽样测试的结果、神秘顾客拜访评价措施的实施情况;

——第5.3条针对有效分配履行合规义务的职责,检查合规义务的履行是否存在职责不明确的情况;

——第4.5条针对合规义务的时效性,检查合规义务是否及时进行了更新;

——第10.2条针对解决先前识别的合规缺陷的有效性,检查针对不合规的纠正和纠正措施是否得到了实施;

——第9.1条针对未按计划进行内部合规检查的情况;

——第6.1条针对合规风险对业务战略进行评审,以便适当更新;如检查业务战略是否根据合规风险评估结果进行了评审和更新。

合规绩效监视通常包括:

——不合规和"近乎不合规"(即未造成负面影响的事件);

——未履行合规义务的情况;

——未实现目标的情况;

——合规文化现状;

——确立领先的和滞后的指标,如培训合格率、举报数量、内审不符合数量、合规风险有效降低率等;不合规数量、处罚金额、处罚次数等。

对合规管理体系的监视和测量并不是针对所有过程和所有结果,也不是越多越好,越全越好。就像我们定期会进行体检,以评估我们的健康状态,及时发现潜在的重大疾病,早发现、早治疗,确保身体的持续健康。我们每年的体检的费用是有限的,不可能也没有必要检查所有的项目,要根据我们的年龄、职业、性别、家族史,确定当前有可能出现的重大疾病,围绕这些重大疾病选择体检的项目。同样合规管理体系的绩效测量的项目都是有成本的,一方面监视测量本身需要投入人力、物力和财力;另一方面是这些监视测量可能影响正常业务活动的进行。为了提高监视测量过程的有效性,组织需要制定监视测量计划,首先合规管理体系是建立在风险评价基础上的,重大合规管理体系风险和合规风险是合规管理体系的管控的重点,这些重大风险管控存在问题的话,将直接导致合规管理体系的重大失效,因此需要针对重大合规管理体系风险和合规风险的管控措施的有效性和效果进行监视测量;合规管理体系的有效运行是发现和管控这些风险的体系保障,因此也需要针对那些会导致合规管理体系出现重大失效的重要过程,如:第4.1条内外部事项分析、第4.2条"理解相关方需要和期望"、第4.5条"合规义务"、第4.6条"合规风险评估"、第6.1条"应对风险和机会的措施"、第6.2条"合规目标及其实现的策划"、第7.2条"能力"、第8.1条"运行的策划和控制"、第8.2条"确立控制和程序"、第8.3条"提出疑虑"、第8.4条"调查过程"、第9.1条绩效监视、测量、分析和评价等过程;当然也需要针对本组织存在问题的其他过程进行监视测量;组织既然已经建立了合规目标,就需要对目标的完成情况进行测量,这些目标包括合规管理的最终结果,如:不合规事件数量、处罚次数、处罚金额等,并扩展到为重要过程能力建立的必要指标的测量,例如培训率、举报数量、结案数量、结案率、合规义务控制措施的执行率等。

确定了监视测量分析评价的项目,还要策划监视测量分析评价方法和时机。组织应考虑监视测量分析评价的公正性、客观性、成本和效率,基于组织自身的业务特点、业务流程、各岗位的职责权限,策划由谁负责、采用什么方法、从哪里获取、在哪个环节实施监视和测量、如何进行分析评价,在兼顾成本的同时对合规管理体系进行监视测量分析评价,才能确保监视测量分析评价过程的有效性和效率,以便及时发现问题,采取措施进行改进,确保合规管理体系的有效性,使合规目标得以实现。

在ISO 37301标准中,对合规管理体系和合规绩效监视的内容进行了举例说明,但组织在进行策划时,还是需要结合自身的性质、特点和自身的需求对合规管理体系的监视测量分析评价进行策划,做到有效性和成本的平衡。

本条明确了文件化信息应作为结果证据可获取。组织实施的监视、测量、分析和评价活动应保持适当的记录,以证实其结果的有效性。

(二)第9.1.2条　合规绩效的反馈来源

【标准要求】

组织应确立、实施、评价和维护能够使其从多种渠道寻求并获取合规绩效反馈的过程。组织应对信息进行分析和严格评估,以确认不合规的根本原因,确保采取适当的措施,并在4.6要求的定期风险评估中反映上述信息。

【标准要点解释】

合规管理体系绩效监视和测量的方法,包括确定合规绩效反馈的来源。

合规绩效反馈的来源包括:

——人员(例如,通过举报工具、求助热线、反馈、意见箱);

——顾客(例如,通过投诉处理系统);

——第三方(例如:对合规管理体系认证审核和成熟度评价);

——供应商(例如:不合规的投诉、举报、合规培训实施情况);

——承包商(例如:不合规的投诉、举报、合规培训实施情况);

——监管机构(例如:不合规和处罚的统计);

——过程控制日志和活动记录(包括电子版和纸质版)。

合规绩效反馈包括:

——合规问题(潜在的不合规领域、合规风险等);

——不合规和合规疑虑(发现的不合规或者举报);

——新出现的合规问题;

——持续的监管和组织的变更(合规义务和内外部环境的变化);

——对合规有效性和绩效的评论(感受和满意程度)。

收集信息的方法多种多样。下面列出的每种方法都与其情况相关,宜注意选择适合组织规模、范围、性质和复杂性的工具。

信息收集包括:

——出现或识别出不合规的特别报告;

——通过热线、投诉和其他反馈渠道(包括举报)获得的信息;

——非正式讨论、研讨会和分组座谈会;

——抽样和诚信试验,如神秘购物;

——感知调查的结果;

——直接观察、正式访谈、设施巡察和检查;

——审核和评审;

——相关方质询、培训需要和培训期间的反馈(特别是员工的反馈)。

宜开发信息的分类、存储和检索系统。

信息管理系统宜同时收集问题和投诉,并允许对与合规有关的问题和投诉进行分类和分析。分析宜结合系统性和重复性的问题,以便纠正或改进,因为这些可能会给组织带来更难识别且重大的合规风险。

信息分类类目包括:

——来源;

——部门;

——不合规描述;

——义务类别；

——指标；

——严重性；

——实际或潜在影响。

正像质量管理体系要关注客户满意，合规主要是满足监管机构的要求和期望，客户、合作伙伴的合规的期望和要求也是建立在满足其自身的监管机构的期望和要求的基础上对组织提出的要求，因此合规要关注和获取重要相关方尤其是监管机构的感受和反馈。另外监管机构的感受和意见对组织识别重要合规义务、评估合规风险至关重要。当然其他相关方如：顾客、供应商、组织内其他职能部门等的反馈也是获取合规绩效信息的重要来源。

(三) 第9.1.3条 指标的开发

【标准要求】

组织应开发、实施和维护一套适当的指标，以帮助组织评价其合规目标的实现情况并评估合规绩效。

【标准要点解释】

通过指标的设定和监测，能够对合规管理体系的状态、有效性和绩效进行评估，发现其中存在的问题，及时采取措施。可以设定的指标很多，本书在每个条款都明确了各个过程通常的指标。

指标包括：

——经过有效培训的员工比例；

——监管机构介入的频率；

——措施的执行率；

——反馈机制的使用，如：举报数量（包括用户对那些机制价值的评论，如对举报机制满意度的评价打分）。

反应性指标包括：

——按类型、区域和频率报告的已识别的问题和不合规；

——不合规的后果，包括对经济补偿、罚款和其他处罚、补救成本、声誉或员工时间成本影响的估价；

——报告和采取纠正措施所花费的时间。

预测性指标包括：

——以随着时间推移目标的潜在损失/收益(收入、健康和安全、声誉等)测量的不合规的风险,如:预测未来三年合规造成的处罚金额和业务损失。

——不合规趋势(基于过去趋势的预期合规率)。

绩效监视测量需要进行分析评价,而绩效指标的制定是为绩效的分析评价提供更加具体准确的参考。通过建立绩效指标进行测量,能够更好了解绩效对比同行和标杆是否正常、是否存在重大问题;对比过去是否有改善或者恶化。绩效有不同的方面,绩效指标需要比较全面准确反映绩效状况,如果绩效指标设定不合理,会影响决策的有效性,因此绩效指标需要根据监视测量分析评价的项目进行分析确立什么指标更适合,并根据组织的实际情况、同行业普遍水平和组织要求确定适当的指标数值区间,并为指标的偏差设置预警,提醒管理人员和决策者及时采取措施。

指标的制定不是越多越好,越全越好,为了提高监视测量的有效性和效率,组织要重点关注一些关键指标,建立合规管理仪表盘。到底哪些是关键指标?组织通常要关注合规管理体系重大风险和合规重大风险的管控,因为这些重大风险如果得不到有效控制,会造成严重后果。就像汽车仪表盘有一些监控数据,这些数据非常重要,比如水温,水温高表明冷却系统出现了问题,如果不及时处理会造成发动机抱缸;比如油压,油压低表明润滑系统出现问题,如果不采取措施,会造成发动机的运动部件的严重磨损;比如胎压,胎压低说明轮胎漏气,如不采取措施,在高速爆胎会造成严重损害。所以,指标的设定应当考虑到合规风险评估的结果,重点关注重大合规风险的状况和变化,基于组织重大合规管理体系风险和重大合规风险的相关特征设置关键指标,如:设置招待费指标,及时识别是否存在贿赂问题;设置门店抽查达标率指标,及时发现存在问题的项目和门店等,以确保重大合规管理体系风险和重大合规风险受控,并及时发现异常和潜在的问题,及时采取措施避免合规管理体系过程、体系失效或出现严重的合规事件。

确定测量什么以及如何测量合规绩效的问题比较复杂,在某些方面可能具有挑战性,但仍是证实合规管理体系有效性的重要部分。此外,所需的指标将随着组织的成熟度,实施新的和修订的方案的时间和程度而变化。

(四) 第9.1.4条 合规报告

【标准要求】

组织应确立、实施和维护合规报告的过程,以确保:

a) 界定适当的报告标准;

b) 确立定期报告的时间表;

c) 实施非常规报告机制以便于临时报告;

d) 实施保证信息准确性和完整性的机制和过程;

e) 向组织中合适的职能或板块提供准确和完整的信息,以便及时采取预防、纠正和补救措施。

合规团队向治理机构或最高管理者提交的任何报告内容均应受到充分保护,以防止被修改。

【标准要点解释】

合规管理体系绩效的监视和测量是耗费成本的,但是监视和测量本身不是目的,及时采取措施堵塞漏洞、控制风险才是监视和测量的价值所在。采取措施需要权限和投入资源,这些都需要领导层的知晓和介入;因此向部门或区域领导、合规部门、最高管理者、治理机构报告,是及时采取措施、控制风险的必要条件。

合规报告分为系统性报告和异常报告。系统性报告是按照策划周期、根据监视测量的结果进行统计分析,然后进行报告;异常报告是指出现较大变化、严重事件需要及时采取措施,而不是等到规定的时间进行的报告。

尽管报告系统性和反复出现的问题非常重要,但是如果一次性不合规是重大或故意为之的,也能够予以同等重视。即使一个小缺陷,也能表明当前过程和合规管理体系存在严重不足。如果不及时报告,则可能造成人们认为缺陷不重要并可能导致此类缺陷成为系统性问题。

合规报告宜包括:

——组织按要求向任何监管机构通报的任何事项;

——合规义务变更及其对组织的影响,以及为了履行新义务,拟采取的措施方案;

——对合规绩效的测量,包括不合规和持续改进;

——可能的不合规的数量和详细内容,以及随后对它们的分析;

——采取的纠正措施;

——合规管理体系的有效性、业绩和趋势的信息;

——与监管机构的接触和关系进展;

——审核和监视活动的结果;

——监视行动计划的完整执行,特别是那些源自审核报告或监管要求的行动计划,或两者兼而有之。

合规方针宜推进即时报告超出常规报告时间表范围的重大事件。

(五)第9.1.5条 记录保存

【标准要求】

组织应保留合规活动准确且实时的记录,以协助监视和评审合规过程,并证实其符合合规管理体系要求。

【标准要点解释】

记录的作用包括:监督过程的实施情况、通过分析监视测量信息发现问题进行改进、证明符合合规义务和合规管理体系要求。

记录保存宜包括对合规问题和声称的不合规以及为解决它们而采取的步骤的记录和分类。

记录宜以确保清晰、容易辨认和检索的方式保存。

记录宜受到保护,以免于被增加、删除、修改、未经授权使用或隐藏。

组织的合规管理体系记录包括:

——合规绩效信息,包括合规报告;

——不合规及纠正措施的详细内容;

——对合规管理体系和采取的措施的评审和审核的结果。

【过程分析】

表29 第9.1条:监视、测量、分析和评价的过程分析表

过程	输入	输出	过程目的	过程评价指标	过程风险
第9.1条:监视、测量、分析和评价	合规管理体系及其所有过程的运行情况	合规绩效和合规管理体系有效性的评价报告	确保合规绩效和合规管理体系有效性得到监视、测量、分析、评价和报告	监视、测量项目和计划策划的合理性;监视测量计划的执行率	(1)监视、测量项目策划不合理;(2)监视测量分析评价的方法、频次、职责策划不合理;(3)监视测量计划没有得到有效实施;(4)监视、测量的结果没有进行分析评价;(5)合规报告没有及时报告和有效使用;(6)监视测量计划没有及时更新

【体系建设建议】

针对过程风险1,建议合规部门围绕合规目标、合规管理体系风险和合规风险及其措施、合规管理体系重要过程和存在问题的过程确定需要监视测量的项目。

针对过程风险2,建议合规部门针对确定的监视测量项目,考虑成本、各部门职责、重要程度确定合理的方法、频次、职责,制定监视测量计划,并征求相关部门的意见,经企业领导层批准后实施。

针对过程风险3、4,建议合规部门要求相关部门把监视测量报告在报送相关部门和领导的同时,报送合规部门。合规部门对报告的及时性、质量和发现问题的处理进行跟踪。

针对过程风险5、6,建议制定监视测量分析评价的管理流程,明确责任、流程和工作要求。

二 第9.2条:内部审核

(一)第9.2.1条 通则

【标准要求】

组织应在策划的时间间隔内实施内部审核,以便为合规管理体系提供以下信息:

a)是否符合:

1)组织自身对合规管理体系的要求;

2)本文件的要求;

b)是否得到了有效地实施和维护。

(二)第9.2.2条 内部审核方案

【标准要求】

组织应策划、确立、实施和维护审核方案,包括频次、方法、职责、策划要求和报告。

组织应根据相关过程的重要性和以往审核的结果,确立内部审核方案。

组织应:

a)界定每次审核的目标、准则和范围;

b)选择审核员并实施审核,以确保审核过程的客观性和公正性;

c)确保向相关管理者和管理层报告审核结果。

注1：相关管理者可能包括合规团队、最高管理者和治理机构。

文件化信息应作为实施审核方案和审核结果的证据可获取。

注2：管理体系的审核指南见ISO 19011。

【标准要点解释】

审核职能，无论其为内部还是外部的，都宜免于利益冲突并保持独立性，以履行其岗位职责。关于如何对管理体系进行审核的信息见ISO 19011。

内部审核的目的是从公正的角度获取有关合规管理体系绩效和有效性的信息，检查合规管理体系各项活动是否按照策划要求实施，符合本标准的要求，确保合规管理体系的符合性和有效性。

组织应策划、制定、实施和保持审核方案。审核方案确定了在特定时间段内策划的一个或多个审核组合的安排。在确定审核频次时，组织应考虑过程的重要程度、过程的成熟度和复杂度、过程变更以及内审方案的目标。审核可以采取集中审核、滚动审核或者集中加滚动审核的方式，对重要过程和过去发现问题的过程增加审核频次。审核方案应确定审核的方式和开展的频次，可通过建立年度审核计划作为审核方案进行策划和安排。

组织内审方案还应确定审核方法，审核方法可包括访谈、观察、查阅记录的方法。

在安排开展审核的人员时，组织应确保审核的客观性和公正性。一般情况下，内审员不应审核自身的工作。

作为内审活动的一部分，组织应确定每次内审的准则和范围。内审准则通常是ISO 37301标准的要求、组织自身的要求，也可以是具体的法规、标准或某个客户的要求，内审范围可以是整个组织的合规管理体系，也可以限定在具体部门或某个过程。

在每次内审结束后，应将结果汇报给相关管理层，并根据这些结果提出适当的纠正或采取纠正措施的要求。组织可建立准则，规定如何根据不符合的严重程度来确定何时需要纠正措施。在审核期间，可能观察到一些尽管满足了要求，但合规管理体系可能存在潜在不足的情况，在这种情况下，可将这一信息纳入审核报告，审核报告可为管理层提供信息，以决定是否采取适当的措施。

应保留内审结果形成文件的信息，作为审核方案得以实施的证据。审核结果可包括审核报告、不符合报告、纠正或采取纠正措施的证据。内审的结果是管理评审的输入。

【过程分析】

表30　第9.2条：内部审核的过程分析表

过程	输入	输出	过程目的	过程评价指标	过程风险
第9.2条：内部审核	合规管理体系及其过程的运行情况；过程的重要性；以往审核的结果	合规管理体系的符合性和有效性的定期评价	通过对合规管理体系的符合性和有效性的全面系统的定期评价，及时发现体系存在的问题，为体系改进提供机会	审核策划的合理性；审核实施的符合性和有效性；审核报告的质量	(1)审核策划没有体现对重要过程或过去审核所发现不符合的过程的重点关注；(2)审核人员能力不足；(3)审核的过程有遗漏；(4)审核报告没有反映审核发现

【体系建设建议】

针对过程风险1，建议年度审核方案要经过领导评审批准，确保审核方案的合理性。

针对过程风险2，建议选拔有更高素质、更高级别和更多管理经验的人员作为管理体系审核员，也可借助外部进行培训或者聘请外部专家参与。

针对过程风险3，建议合规部门监督审核过程的实施。

针对过程风险4，建议合规部门监督审核过程，了解审核情况，并评审内审报告的质量。

三　第9.3条：管理评审

(一)第9.3.1条　通则

【标准要求】

治理机构和最高管理者应在策划的时间间隔内对组织的合规管理体系进行评审，以确保合规管理体系持续的适宜性、充分性和有效性。

(二)第9.3.2条　管理评审输入

【标准要求】

管理评审应包括：

a) 以往管理评审所采取措施的状况；

b) 与合规管理体系有关的外部和内部事项的变化；

c) 与合规管理体系有关的相关方需要和期望的变化；

d) 关于合规绩效的信息，包括以下方面的趋势：

1) 不符合、不合规与纠正措施；

2) 监视和测量的结果；

3) 审核结果；

e) 持续改进的机会。

管理评审应体现：

——合规方针的充分性；

——合规团队的独立性；

——合规目标的达成度；

——资源的充分性；

——合规风险评估的充分性；

——现有控制和绩效指标的有效性；

——与提出疑虑的人员、相关方沟通，包括反馈（见9.1.2）和投诉；

——调查（见8.4）；

——报告机制的有效性。

(三) 第9.3.3条 管理评审结果

【标准要求】

管理评审的结果应包括持续改进的机会，以及变更合规管理体系的任何需要的决定。

文件化信息应作为管理评审结果证据可获取。

【标准要点解释】

管理评审还宜包括以下方面的建议：

——合规方针以及与它相关的目标、体系、结构和人员所需的变化；

——合规过程的变更，以确保与运行实践和体系有效整合；

——需监视的未来潜在不合规的领域；

——与不合规相关的纠正措施；

——当前合规体系和长期持续改进的目标之间的差距或不足；

——对组织内的示范性合规行为的认可。

宜向治理机构提供管理评审中形成文件的结果和全部建议的副本。

管理评审是最高管理者在全面了解组织的内外部事项、相关方需要和期望以及合规管理体系绩效的基础上,对合规管理体系的适宜性、充分性、有效性的评价,并做出对合规管理体系变更的决定。

适宜性:指的是与组织的内外部事项和相关方需要的适宜性。充分性:指的是方针、资源和风险评估的充分性。有效性:指的是现有控制措施、绩效指标、报告体系的有效性。

组织应按照策划的时机开展管理评审,组织可以将管理评审作为单独的活动开展,也可以与相关活动一起开展(例如会议、汇报等)。很多组织误认为管理评审就是管理评审会议,但是管理评审的价值体现在对合规管理体系的变更和改进。真正重大的变更和改进决定不可能通过一次会议就能完成,需要在会议前全面了解管理评审的输入信息,分析存在的问题,进而提出意见和方案。改进方案甚至需要经过充分的讨论、评审和试验,才能在会议上完成对合规管理体系变更和改进的决定。

【过程分析】

表 31　第 9.3 条:管理评审的过程分析表

过程	输入	输出	过程目的	过程评价指标	过程风险
第 9.3 条:管理评审	以往管理评审所采取措施的状况;与合规管理体系有关的外部和内部事项的变化;与合规管理体系有关的相关方需要和期望的变化;合规绩效以及趋势;持续改进的机会	合规管理体系改进和变更的决定	对合规管理体系的评价和改进,为确保合规管理体系持续的适宜性、充分性和有效性	管理评审输入信息的完整性;改进决定的有效性	(1)管理评审的输入资料不全;(2)影响体系的重要的问题没有进行评审;(3)管理评审没有针对管理体系存在的问题做出有效的改进和变更决定;(4)管理评审做出的决定没有有效实施

【体系建设建议】

针对过程风险 1,建议合规部门逐个检查管理评审输入资料。

针对过程风险2,建议合规部门提前评审资料,提出需要讨论的问题清单并向领导层汇报,作为管理评审重点内容。

针对过程风险3,建议合规部门在管理评审前,提前提出存在的解决方案和建议措施,重大复杂问题可以作为管理创新项目研究解决。

针对过程风险4,建议合规部门跟踪管理评审制定措施的实施和关闭。

四 第10章:改进

(一) 第10.1条:持续改进

【标准要求】

组织应持续改进合规管理体系的适宜性、充分性和有效性。

【标准要点解释】

合规管理体系的有效性的特点是它具有持续改进和发展的能力。组织的内部、外部环境以及业务随着时间的推移而变化,其顾客的性质和适用的合规义务也随之变化。

宜通过多种方法对合规管理体系的充分性和有效性进行持续和定期评估,例如评审或内部审核。

组织宜确立措施以评审其合规管理体系,并确保其保持最新状态且适合于其目标。在确定支持持续改进的行动的程度和时间尺度时,组织宜结合其环境、经济因素和其他相关情况。

一些组织对员工进行调查,以衡量合规文化,并评价控制的强度。持续改进的进一步信息来源可以是顾客调查的结果、提出疑虑、定期的监视、定期的审核或管理评审。

组织宜结合此类评估的结果和输出、以确定是否需要或有机会变更合规管理体系。

为了有助于确保保持合规管理体系的完整性及有效性,管理体系各个要件的变更宜体现此类变更对整个管理体系有效性的依赖和影响。当对合规管理体系作出变更时,组织宜考虑这些变更对合规管理体系、运行、资源可用性、合规风险评估、组织的合规义务及其持续改进过程的影响。

【过程分析】

表32 第10.1条:持续改进的过程分析表

过程	输入	输出	过程目的	过程评价指标	过程风险
第10.1条:持续改进	收集到的合规管理体系的信息	合规管理体系的改进	确保合规管理体系的持续改进	改进的及时性和有效性	改进不及时和不主动,影响合规管理体系的适宜性、充分性和有效性

【体系建设建议】

针对过程风险,建议合规部门制定合规管理体系的持续改进计划。

(二)第10.2条:不符合与纠正措施

【标准要求】

发生不符合或不合规时,组织应:

a)对不符合或不合规做出反应,并且如适用:

1)采取控制和纠正措施,

2)处置后果;

b)通过以下活动评价采取措施的需要,以消除产生不符合/或不合规的原因,避免其再次发生或在其他地方发生:

1)评审不符合和/或不合规,

2)确定产生不符合和/或不合规的原因,

3)确定是否存在或可能发生类似的不符合和/或不合规;

c)实施任何所需的措施;

d)评审所采取的任何纠正措施的有效性;

e)如必要,变更合规管理体系。

纠正措施应与不符合和/或不合规产生的影响相适应。

文件化信息应作为以下事项的证据可获取:

——不符合和/或不合规的性质和所采取的任何后续措施;

——任何纠正措施的结果。

【标准要点解释】

纠正和纠正措施不同,纠正针对的是不符合或/和不合规的结果,纠正措施针对的是不符合或/和不合规的原因。未能预防或检测到一次性不合规,并不一定意味着合规管理体系在预防和检测不合规时缺乏有效性。发现不符合或/和不合规,需要立即纠正,对于不合规可能需要对责任人进行处罚;发现不符合或/和不合规,不一定需要采取纠正措施,需要重新评估风险,如果风险较低,或者新的纠正措施成本太高,就不一定要制定新的纠正措施。

分析不符合或不合规的信息能用于:

——评估产品和服务性能;

——改进或重新设计产品和服务;

——变更组织惯例和程序;

——再培训员工;

——重新评估告知相关方的需要;

——对潜在不合规做出早期预警;

——重新设计或评审控制;

——加强通知和上报步骤(内部和外部);

——沟通有关不合规的事实和组织对不合规的立场;

组织宜确认导致不遵守方针或程序或两者皆不遵守之行为发生的根本原因,并根据所吸取的经验教训更新方针和程序。

【过程分析】

表33 第10.2条:不符合与纠正措施的过程分析表

过程	输入	输出	过程目的	过程评价指标	过程风险
第10.2条:不符合与纠正措施	发现的不合格和/或不合规	针对发生的不合格和/或不合规采取的纠正和纠正措施	确保发生的不合格和/或不合规得到纠正,并通过采取纠正措施防止再次发生	纠正和纠正措施的及时性和有效性	(1)发生的不合格和/或不合规没有纠正,或没有分析原因采取必要的纠正措施;(2)纠正措施不充分,不足以防止不合格或不合规的再次发生;(3)纠正措施实施效果没有验证

【体系建设建议】

针对过程风险1、2、3,建议合规部门建立不合格和/或不合规清单,跟踪监督相关部门是否针对发生的不合格和/或不合规进行了纠正、是否分析了原因、是否制定了纠正措施、是否验证了纠正措施的有效性。

思考题

简述题：

1. 请列举至少五项合规管理体系有效性的监视内容。
2. 请列举至少三项合规绩效监视的内容。
3. 请简述合规绩效的反馈来源包括哪些方面。
4. 请列举至少十项合规绩效指标。
5. 请简述内审方案的制定需要考虑哪些方面。
6. 请简述管理评审的输入包括哪些方面的内容。
7. 请简述管理评审的过程风险。
8. 请简述持续改进的信息来源包括哪些方面。
9. 请简述分析不符合或不合规的信息可用于考虑哪些方面。

第九章

合规管理体系建设过程和预期成果

一 合规管理体系建设的步骤和重点关注

随着 ISO 37301 标准的发布实施,很多企业有建立合规管理体系的需求。本书在第二章已经讲解了标准要求,并采用过程方法和 FMEA 对合规管理体系过程进行了分析,但是合规管理体系过程是彼此关联和复杂的,下面将梳理一下合规管理体系的建设步骤和重点关注事项。

表34 合规管理体系的建设步骤和重点关注事项表

序号	合规管理体系建设步骤	重点关注
1	合规管理组织结构的搭建和合规团队的组建	明确治理机构和合规团队在合规管理体系建立和维护方面的职责和权限,确保合规团队的独立性、给予充分的权限
2	合规管理内外部事项分析和相关方需要和期望的识别	进行内外部环境分析,确保没有遗漏可能造成重大合规管理体系风险的事项;进行相关方需要和期望的识别,确保没有遗漏合规管理体系重要的相关方,并识别其需要和期望
3	合规义务的识别	明确职责、渠道和方法,分类别、分层级识别合规义务并建立合规义务清单;重要的合规义务上报上级单位,确保重要的合规义务不遗漏
4	合规风险的评估	合规风险评价模型和准则的建立和评审、评价人员的能力和评价结果的审核;各基层单位先识别评估风险,专家团队评审和补充,以确保合规风险评估的全面性和准确性
5	风险应对措施的策划	重大风险的应对措施不是对现有措施的罗列或重复,是新的措施;可以采取创新管理的模式寻找新思路和新方法,并要求高层管理者的参与和评审,确保措施的充分和可行

续表

序号	合规管理体系建设步骤	重点关注
6	合规管理目标的建立以及与绩效考核的整合	是否围绕重大合规风险和风险应对措施、合规管理体系的重要过程是否建立了合规管理目标；这些目标是否纳入公司的绩效考核中
7	合规风险应对措施的落实	如何确保识别出的重要合规义务和制定的重大风险应对措施整合进入公司的业务过程以及与第三方有关的合规风险的管控过程
8	合规管理关键岗位人员能力的确定	确定的合规管理关键岗位有无遗漏；这些关键岗位人员的能力要求是否合理、充分？是否整合进入公司的人力资源管理过程
9	合规意识的培训和合规文化建设	有无明确的部门负责？有无合规文化建设的推进计划？效果如何
9	包括合规检查和审计工作在内的绩效监视测量的策划	绩效监视测量计划包括合规检查和合规审计工作是否围绕重要合规义务和重大合规风险管控措施以及合规管理体系的重要过程进行策划和实施？检查和审计的结果是否得到有效使用
10	内部审核	内审人员的选择和培养，如何提升内审能力
11	管理评审	管理评审的流程和方式能否保证改进措施的提出力度和有效性

表34列出了合规管理体系建设的主要步骤。很多人忽视了内外部事项分析和相关方需要和期望识别的重要性，认为合规管理体系建设是从合规义务识别开始的。实际上合规义务识别的关键是识别重要合规义务，而不是所有合规义务。重要合规义务是受到内外部事项和相关方需要和期望的影响的，所以在识别合规义务之前要做好内外部事项分析和相关方需要和期望的识别，然后才能根据内外部事项分析和相关方需要和期望的识别的结果识别重要合规义务。明确组织结构、赋予合规部门权限和独立性是确保合规管理体系策划和实施的组织保证，所以体系建设的第一步是"合规管理组织结构的搭建和合规团队的组建"。通过合规风险评估对合规风险排列优先顺序，是落实合规义务、提高管理效率和有效性的方法。合规风险评估不是目的，制定充分有效的控制措施将评估出的高风险控制住、将风险降低才是体系的核心和目的。合规目标的建立，尤其是将合规目标与绩效考核整合，是推动合规管理体系有效实施的动力。合规义务和风险控制措施不能只停留在文件上和员工的意识中，而需要整合在业

务过程中,使其成为业务过程的准则和不可分割的一部分,才能有效实施。合规管理体系的建立对一些岗位的能力提出了新的要求,满足新的能力要求,是体系有效实施的必要条件。合规管理体系实际上有两条主线:一条通过识别合规义务,评估风险,根据风险等级制定措施并整合到业务过程进行落实,把企业有限的资源用在重要合规义务的落实和重大合规风险的管控上。另一条是通过合规意识的提高、文化的建设、举报机制的建立,使员工主动合规来管控更多的合规义务和合规风险,减少管控措施、降低企业合规管理的成本,真正通过合规为企业创造价值。合规的审计检查不是越多越好,而是需要进行有针对性的策划,应围绕重大风险和重要过程。内审和管理评审是发现体系存在问题改进合规管理体系的重要活动。

二 合规管理体系的主要文件和预期效果

在合规管理体系建设过程中,会形成一些文件或记录,一部分是标准明确要求的,一部分是根据过程管控和举证的需要应该建立的。本书汇总梳理了合规管理体系建设预期形成的文件和记录,如下表所示:

表35 合规管理体系建设预期形成的文件和记录汇总表

标准要素	标准要求建立的合规管理文件或记录	过程管控和举证的需要应该建立的合规管理文件或记录
第4.1条:理解组织及其环境		内外部环境分析的管理程序; 内外部环境分析报告
第4.2条:理解相关方的需要和期望		相关方需要和期望识别的管理程序; 相关方需要和期望的分析报告
第4.3条:确定合规管理体系的范围	合规管理体系范围	
第4.4条:合规管理体系		
第4.5条:合规义务	合规义务清单	合规义务识别和更新管理程序
第4.6条:合规风险评估	合规风险及处置清单	合规风险评估和处置的管理程序
第5.1条:领导作用和承诺		合规文化建设、保持和推进管理程序; 合规文化建设推进计划

续表

标准要素	标准要求建立的合规管理文件或记录	过程管控和举证的需要应该建立的合规管理文件或记录
第5.2条:合规方针	合规方针	合规方针发放和接收记录
第5.3条:岗位、职责和权限		职能分配表; 岗位说明书
第6.1条:应对风险和机会的措施		合规管理体系风险和合规风险应对措施; 制定的管理程序; 合规管理体系风险和合规风险措施清单
第6.2条:合规目标及其实现的策划		合规目标; 合规目标实施方案; 绩效考核方案
第6.3条:针对变更的策划		合规管理体系变更管理程序; 合规管理体系变更计划
第7.1条:资源		
第7.2条:能力	合规管理体系重要岗位能力证明; 合规培训记录	岗位说明书; 合规培训方案; 高风险商业伙伴合规培训管理程序; 高风险员工合规尽职调查管理程序; 高风险员工合规尽职调查记录; 绩效目标、绩效奖金和其他激励措施合规评审记录
第7.3条:意识		合规意识培训记录
第7.4条:沟通		内外部沟通记录
第7.5条:文件化信息		文件控制程序; 文件清单; 记录控制程序; 记录清单
第8.1条:运行的策划和控制		合规管理体系风险和合规风险控制措施涉及的业务流程文件、管理系统、记录表格的制定和修改

续表

标准要素	标准要求建立的合规管理文件或记录	过程管控和举证的需要应该建立的合规管理文件或记录
第8.2条:确立控制和程序		合规义务及其风险管控涉及的业务流程文件、管理系统、记录表格的制定和修改; 年度合规计划; 员工绩效计划; 高风险商业伙伴合规尽职调查管理程序; 高风险商业伙伴合规尽职调查记录
第8.3条:提出疑虑		举报管理程序; 举报登记表
第8.4条:调查过程	合规事件调查报告	合规事件调查处理管理程序; 不合规事件处理记录
第9.1条:监视、测量、分析和评价	合规绩效监视、测量、分析和评价报告	合规绩效监视、测量、分析和评价管理程序; 合规控制KPI指标体系; 合规危险信号监视记录; 合规事件报告
第9.2条:内部审核	内审方案 内审计划 内审报告 不符合项报告	内审管理程序
第9.3条:管理评审	管理评审报告	管理评审程序
第10.1条:持续改进		合规管理体系持续改进计划
第10.2条:不符合与纠正措施	不符合和不合规及其纠正措施报告	不符合和不合规及其纠正措施清单

合规管理体系的建设目的不是建立一堆文件,除了标准明确要求的文件,其他需要建立的文件要从过程控制和合规举证方面方面考虑必要性。另外要将合规管理要求整合到业务过程中,而不是另外建立文件。合规管理体系的效果除了体现在新建或修改的文件外,还主要体现在三个方面:(1)各层级管理人员和员工经过相关的合规管理的理念、基本原则和合规管理体系标准的培训,提升了合规意识,初步了解了合规管理体系的运作原理和要求,为下一步合规管理体系的有效运行打下了基础,为合规管理体系的改进明确了方向;(2)将合规管理的理念、基本原则以及合规管理体系标

准要求应用在企业的合规管理中,整合到业务过程中,弥补过去合规管理存在的不足,提升了合规管理水平,实现合规管理的透明化、系统化、规范化;(3)通过建立合规管理体系,取得合规管理体系认证证书,对外展示其对待合规的态度和良好形象,使客户、合作伙伴、监管机构对组织在合规管理方面的能力确立信心,获得更多的市场机会。同时可以达到尽职免责的目的,一旦出现合规问题面临处罚,可以较少损失。

合规管理体系建设不是一蹴而就的,不是用几个月的时间建立体系并通过认证就可以结束了的,而是需要真正按照管理体系标准的要求持续运行并不断地改进,这样才能真正达到建立合规管理体系的目的。

思考题

简述题:

1.请简述合规管理体系建设的步骤。

2.请简述合规义务识别和合规风险评估的重点关注事项。

附录一

合规管理体系建设示例

为了进一步说明如何建立合规管理体系,本书将以虚拟的一家企业为主体,模拟合规管理体系建设过程,将一些主要过程进行分析,供大家参考。

一、Perpetuum 公司简介

Perpetuum 是一家处于快速发展阶段的公司,主要业务是为客户提供"在线投标服务",其主要的市场是在欧洲,但公司计划下一步拓展中东市场。

Perpetuum 主要是通过在线平台,对商品或者服务进行招标采购。这类产品适用于《招标投标法》,按照该法要求进行电子投标。该公司的产品以互联网服务的形式交付,并冠以 Perpetuum 的品牌。客户通过公司网站 www.perpetuum.com 提供服务。

Perpetuum 的服务采用"7×24×365"方式提供。Perpetuum 还提供销售咨询服务,以帮助客户准备和实施在线投标。Perpetuum 的经营模式为购买年度服务的方式,允许客户在服务期间进行无限次的投标。

Perpetuum 拥有自己的办公场所,办公室位于丹麦首都哥本哈根的公司商业大楼内,Perpetuum 的系统托管在卡塔尔首都多哈一家托管服务公司 WEBHOST 的数据中心和服务器上。

Perpetuum 最近指派了一个代理机构代表公司在中东地区开展业务,主要关注海湾阿拉伯国家合作委员会(Golf Cooperation Council)国家:巴林、科威特、阿曼、卡塔尔、沙特阿拉伯、阿拉伯联合酋长国(主要是阿布扎比和迪拜)以及在伊拉克、黎巴嫩和约旦地区的客户。代理机构位于卡塔尔,通过广泛的商业联系以及个人的关系,确保在这些国家对公司业务感兴趣的公共和私营单位中赢得更多业务。

Perpetuum 还与三家在中东经营的咨询公司建立了外包关系,并在卡塔尔、迪拜和巴林建立服务点,为巴林、科威特、阿曼、卡塔尔、沙特阿拉伯、阿布扎比、迪拜、伊拉克、黎巴嫩和约旦等地区客户提供在线咨询服务。

二 Perpetuum 公司组织架构

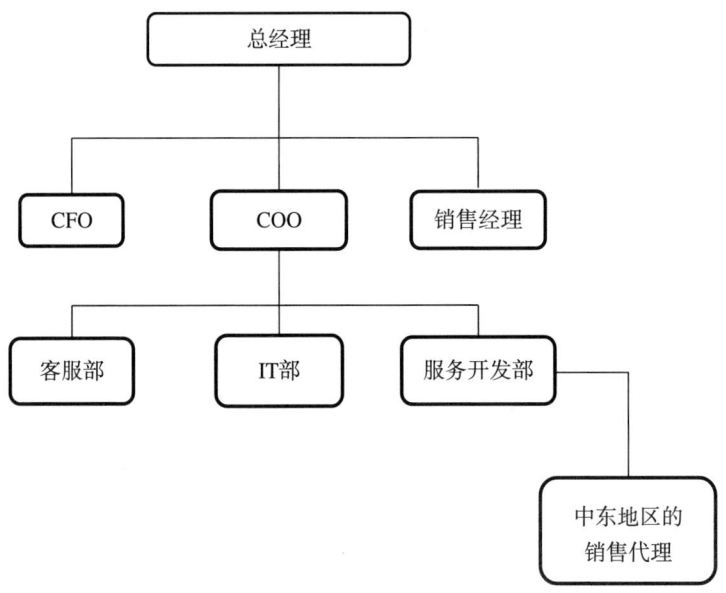

图 5 Perpetuum 公司组织架构图

三 Perpetuum 公司合规管理体系的角色、职责和权限

※ **总经理**

负责公司的整体管理,并对公司的合规管理体系的有效性和合规绩效负责,负责管理评审。

※ **首席财务官(CFO)**

负责公司财务管理、会计,并包括 IT 预算、IT 会计和销售服务的 IT 账单。负责实施合规管理体系的财务控制,参与管理评审。首席财务官向总经理汇报工作。

※ **首席运营官(COO)**

负责规划和管理公司运营,包括核心产品/服务运营、交付和维护。

COO 同时被委任为合规官,其合规管理职能包括:

——负责合规管理体系的运行,包括:促进合规义务的识别;将合规风险评估形成文件;使合规管理体系与合规方针和目标保持一致;监控和测量合规绩效;分析和评估合规管理体系的绩效,以确定是否需要采取纠正措施;建立合规报告和文件化体系;确保按计划的时间间隔对合规管理体系进行评审;建立举报制度,确保举报得到处置。

——实施监督的职能,包括:在整个组织内适当分配职责,以履行识别的合规义务;将合规义务整合进入方针、过程和程序中;所有相关员工按要求接受培训;建立合规绩效指标。

——为员工提供有关合规方针、流程和程序相关的文件或材料,并就合规相关事项向公司提供建议。

合规官确保可以直接向总经理报告,能参与决策过程,并为公司各级管理人员和所有员工提供所需的文件化信息和数据;就相关法律、法规、规范和标准提供专家意见。

合规官负责外包合作伙伴(卡塔尔的托管数据存储服务提供商和咨询合作伙伴)的合规控制措施的制定和实施;参与管理评审。

※ **销售经理**

负责 Perpetuum 服务的销售和客户关系管理。负责对销售代理实施合规管理体系方面的控制;参与管理评审。销售经理向总经理汇报工作。

※ **IT 部门**

负责公司的 IT 基础设施、系统管理、Perpetuum 服务新功能的开发和实施,以及配置管理。

负责 IT 部门内的合规工作,包括与合规职能部门合作并提供支持,确保其控制范围内的所有人员遵守公司的合规义务、方针、流程和程序;识别并传达其运营中的合规风险;将合规义务纳入其职责范围内的现有业务实践和程序;参加并支持合规培训活动;培养员工遵守合规义务的意识,并指导他们满足培训和能力要求;鼓励员工举报,并给予支持,防止任何形式的报复;按要求积极参与合规事件和问题的管理和解决;确保在确定纠正措施的必要性后,建议并实施适当的纠正措施。

※ **客服部门**

负责事件管理以及服务部门内的合规管理工作,包括与合规职能部门合作并提供支持,确保其控制范围内的所有人员遵守组织的合规义务、方针、流程和程序;识别并传达其运营中的合规风险;将合规义务纳入其职责范围内的现有业务实践和程序;参加并支持合规培训活动;培养员工遵守义务的意识,并指导他们满足培训和能力要求;鼓励员工举报,并给予支持,防止任何形式的报复;按要求积极参与合规事件和问题的管理和解决;确保在确定纠正措施的必要性后,建议并实施适当的纠正措施。

※ **服务开发部门**

负责Perpetuum的服务开发,规划和实施新的功能和服务,在发生事故或问题时为客服部门和IT部门提供支持。负责服务开发部门内的合规工作:与合规职能部门合作并提供支持,确保其控制范围内的所有人员遵守组织的合规义务、政策、流程和程序;识别并传达其运营中的合规风险;将合规义务纳入其职责范围内的现有业务实践和程序;参加并支持合规培训活动;培养员工遵守义务的意识,并指导他们满足培训和能力要求;鼓励员工提出合规问题,并给予支持,防止任何形式的报复;按要求积极参与合规相关事件和问题的管理和解决;确保在确定纠正措施的必要性后,建议并实施适当的纠正措施。

※ **IT部门、客户服务部门和服务开发部门员工**

开展相关的业务活动,并遵守公司的合规义务、方针、流程和程序;举报合规问题和失效事件;按要求参加合规培训。

※ **代表公司工作的销售代理**

主要在巴林、科威特、阿曼、卡塔尔、沙特阿拉伯、阿布扎比、迪拜、伊拉克、黎巴嫩和约旦等地负责Perpetuum服务的销售和客户关系管理。销售代理向销售经理汇报工作。

四 参考和适用的国家和国际法律法规、标准以及国际组织倡议

ISO 37301:2021《合规管理体系 要求及使用指南》

丹麦法律法规要求:

(1)《丹麦宪法》

(2)《丹麦刑法》

——《丹麦刑法》由两部分组成:第一部分由第 1—11 章组成,包含一般称为刑法总则的部分,即刑事责任的条件、可能的惩罚和量刑的指南,以及所有犯罪共同的其他规则;第二部分由第 12—29 章组成,包含罪行本身。

◆《丹麦刑法》禁止主动和被动贿赂、滥用公职、贪污、欺诈、背信、洗钱和贿赂所得。《丹麦刑法》还将贿赂外国公职人员、企业间贿赂以及代表公司工作的个人的腐败行为定为刑事犯罪。根据《丹麦刑法》,对贿赂的惩罚可能包括罚款和最高 6 年监禁。

◆《丹麦刑法》(第 122 条:受贿判决和第 144 条:公职受贿判决)。

◆ 1985 年 12 月 19 日第 571 号《丹麦公共行政法》。

◆ 2021 年 6 月 29 日第 1436 号法律《检举人保护法》,《欧盟举报指令》(EU 2019/1937)。

◆ 2007 年 5 月 11 日《丹麦防止洗钱和资助恐怖主义措施法》(第 442 号法)合并了 2006 年 2 月 27 日《丹麦防止洗钱和资助恐怖主义措施法》(第 117 号法),并根据 2007 年 2 月 7 日第 108 号法第 6 节和 2006 年 6 月 8 日第 542 号法第 8 节进行了相应修订。

◆《丹麦防止洗钱和资助恐怖主义措施法》更新至 2007 年。

◆《丹麦数据保护法案》——2018 年 5 月 23 日第 502 号法案,是丹麦司法部翻译版本。官方版本于 2018 年 5 月 24 日在法律公报上发布。只有丹麦文本具有法律效力。《关于在个人数据处理和此类数据自由流动方面保护自然人条例的补充规定法案》(《数据保护法案》)。

◆《丹麦公共采购法》于 2016 年 1 月 1 日生效——该法实施了《欧盟公共采购指令》,并对超过阈值的公共合同的签订进行了监管。此外,《丹麦公共采购法》还制定了在门槛下签订公共合同的规则;

◆ 世界贸易组织《政府采购协议》(Agreement on Government Procurement)旨在确保政府采购市场的竞争条件公开、公平和透明。

丹麦的立法反映了其正在执行欧盟指令,包括但不限于:

◆ 2018 年 5 月 25 日,欧盟出台的《通用数据保护条例》(General Data Protection Regulation,简称 GDPR),前身是欧盟在 1995 年制定的《计算机数据保护法》。对违法企业的罚金最高可达 2000 万欧元(约合 1.5 亿元人民币)或者其全球营业额的 4%，以高者为准；网站经营者必须事先向客户说明会自动记录客户的搜索和购物记录，并获得用户的同意，否则按"未告知记录用户行为"作违法处理；企业不能再使用模糊、难以理解的语言，或冗长的隐私政策来从用户处获取数据使用许可；明文规定了用户的"被遗忘权"(right to be forgotten)，即用户个人可以要求责任方删除关于自己的数据记录。

◆ 2014 年 7 月 23 日欧洲议会和理事会发布《关于内部市场电子交易的电子识别和信托服务的 910/2014 号条例》草案，并于 2016 年 7 月 1 日生效，简称 eIDAS，为电子签名和其他信托服务建立了全欧盟范围的法律框架；

◆ 欧盟发布其第 5 次反洗钱指令，旨在发现和调查洗钱行为并防止其发生，2018 年 7 月 9 日起生效；

◆ 欧盟委员会 2021 年 7 月 20 日关于加强欧盟反洗钱和打击恐怖主义融资规则的立法提案，包括 4 项立法提案：建立新的欧盟反洗钱和打击恐怖主义融资监管机构的法规；关于"反洗钱"/"反垄断法"的法规，包含直接适用的规则，包括在客户尽职调查和实益所有权领域；关于 AML/CFT 的第 6 项指令；以及修订 2015 年《欧盟资金转移条例》以追踪加密资产转移；

◆ 2014 年 2 月 26 日欧洲议会和理事会《欧盟公共采购指令》；

◆ 2014 年 2 月 26 日欧洲议会和理事会《欧盟关于水、能源、运输和邮政服务部门实体采购的欧指令》。

丹麦积极促进了以下法律法规的发展：

◆《加密资产市场监管法案》(MiCA)和《数字运营弹性法案》(DORA)，以协调整个欧洲的信息和通信技术(ICT)风险要求；

◆ 欧盟委员会发布了关于欧盟金融服务业《数字运营弹性法案的立法提案》(DORA)，旨在整合和升级整个金融部门的信息和通信技术风险要求，确保金融系统的所有参与者都遵守一套共同标准，以减轻其业务的信息和通信技术风险；制定了与欧洲议会谈判的谈判授权，预计于 2022 年初开始；

丹麦正在执行欧盟和联合国人权和反人口贩运(贩运人口/现代奴隶制)法律法规：

◆《欧盟基本权利宪章》；

◆《欧洲人权公约》；

◆ 2020年7月26日正式启动的《联合国全球契约》，要求各企业在各自的影响范围内遵守、支持以及实施一套在人权、劳工标准、环境及反贪污方面的十项基本原则。这些基本原则来自《世界人权宣言》、国际劳工组织的《关于工作中的基本原则和权利宣言》以及关于环境和发展的《里约原则》，涉及4个方面，分别是：人权，劳工标准，环境，反贪污；

◆《联合国商业与人权指导原则》，人权尽职调查是指公司有义务"避免侵犯他人权利，并通过以下方式解决其所涉及的不利影响：确定、预防、缓解"，说明它们如何处理对人权的影响，这些影响是由企业本身造成的，还是"通过其商业关系与企业的业务、产品或服务直接挂钩"；

◆ 实施2030年可持续发展议程的可持续发展目标确认了可持续发展与腐败之间的联系，包括减少各种形式的腐败和贿赂以及人权的具体承诺（在具体目标16.5中表示）。

丹麦正在执行《欧盟工作时间指令》（EU2003/88），该指令定义了欧洲社会权利支柱——原则10：健康、安全和适应良好的工作环境和数据保护：工人；有权在工作中获得对其健康和安全的高度保护。《欧盟基本权利宪章》第31条：公平和公正的工作条件以及欧盟劳动法涵盖两个主要领域：工作条件——工作时间、兼职和定期工作、工人的安置；就集体裁员、公司调动等向工人提供信息和咨询。

丹麦是《经济合作与发展组织反贿赂公约》《联合国反腐败公约》、欧洲委员会《反腐败民事和刑事法律公约》《反腐败国家集团公约》的缔约国。

卡塔尔法律法规要求：

◆《卡塔尔宪法》，于2004年4月9日生效；

◆《卡塔尔刑法》第11/2004号将敲诈勒索、主动贿赂、被动贿赂、贿赂公职人员和滥用职权定为刑事犯罪。《卡塔尔刑法》还将私营部门腐败定为刑事犯罪。对个人的贿赂处罚包括最高10年监禁和相当于贿赂金额（但不低于5000卡塔尔里亚尔）的罚款。对于涉及某些公职人员的罪行，可以加重处罚；

◆《卡塔尔反洗钱法》第4/2010号，将洗钱定为犯罪；

◆ 2019年《反洗钱和打击资助恐怖主义法》于2019年9月生效，这是近10年来卡塔尔反洗钱/反恐融资框架的首次独立更新，取代了2010年第4号法律，重点是实施国际最佳实践；

◆ 2007年《关于解决行政纠纷的第7号法律》；

- ◆ 2016 年第 13 号法律《个人数据隐私保护法》；
- ◆ 2015 年第 24 号《采购法》，监管招标和拍卖，于 2016 年 6 月 13 日生效；
- ◆ 2020 年第 12 号《公私合作法》，于 2020 年 5 月 31 日发布。

国际组织、倡议、评估报告以及其他一些国家的法律法规，包括但不限于：

- ◆ 2010 年经济合作与发展组织《打击国际商业交易中贿赂外国公职人员公约》；
- ◆ 2004 年世界经济论坛——《反腐败合作倡议》：反腐败反贿赂原则；
- ◆ 2005 年《联合国反腐败公约》；
- ◆ 2000 年《联合国全球契约十项原则》；
- ◆ 国际商会、透明国际、联合国全球契约和世界经济论坛 2010 年抵制敲诈勒索培训工具；
- ◆ 2021 年《透明国际腐败感知指数》；
- ◆ 2013 年《COSO 内部控制新框架》；
- ◆ 2003 年《反腐败民法公约》；
- ◆ 1993 年《欧洲经济与货币联盟条约》；
- ◆ 2002 年《欧洲委员会反腐败刑法公约》；
- ◆ 2010 年《英国反贿赂法案》：涵盖受贿罪、贿赂外国公职人员、商业组织未能阻止代表其行贿的行为；
- ◆ 1977 年美国《反海外腐败法》(1988、1994、1998 年修订)；
- ◆ 2002 年美国《萨班斯—奥克斯利法案》：通过提高公司信息披露的准确性和可靠性来保护投资者；
- ◆ 2010 年经济合作与发展组织《公司治理准则》：针对伦敦证券交易所上市公司的良好公司治理原则：领导力、有效性、问责制、报酬、与相关方的关系。

〔五〕内外部环境分析报告

Perpetuum 公司的主要业务是为客户提供"在线投标服务"，其关键的产品是"在线平台"，商品和服务的采购通过在线平台进行，并按照《招标投标法》进行电子招标。该产品以互联网服务的形式交付，并冠以 Perpetuum 的品牌，客户通过公司网站 www.perpetuum.com 操作使用。

Perpetuum 公司的商业模式是购买年度服务，允许客户在订购期内进行不限数量的投标。Perpetuum 公司主要为欧洲市场提供服务和产品，其总部设在丹麦首都哥本哈根的自有商业大楼，目前在中东地区不断扩大其业务。Perpetuum 的系统托管在卡塔尔首都多哈的数据中心和托管服务公司 WEBHOST 的服务器上。

Perpetuum 公司当前是在全球社会、经济、地缘政治、技术和环境不确定性加剧的情况下运营，面临的是不断加剧的疫情危机以及加剧的合规风险：欺诈、洗钱、金融犯罪、腐败、贿赂、网络攻击和隐私侵犯、内幕交易、伪造等，以及利用疫情的犯罪。

决定 Perpetuum 公司运营的经济形势和趋势的外部因素主要是由经济波动性和脆弱性加剧、欧元创纪录的高通胀以及能源价格飙升所驱动，仍在加剧的新冠疫情大流行加上天然气供应短缺（天然气发电量占欧洲发电量的 22%，飙升的价格转移到了消费者账单上），同时，能源供应的不确定性受到战争的影响。

经济的不确定性还包括疫情流行对供应链造成的挑战，以及严重加剧的欺诈、洗钱、金融犯罪、伪造、利用经济脆弱性获取不当利益的网络攻击、违反合规和公平商业惯例。供应链相关的不确定性是最近受到供应链依赖性方面的一些挑战和趋势的影响，这可能会给供应链的可靠性、完整性和合规性带来风险。

经济形势和金融脆弱性对一些世界领先的公司也造成了重大影响，例如 Facebook 的所有者 Meta 平台面临着有史以来最大的处罚，在股票市场，其价值在 2022 年 2 月 3 日暴跌超过 2300 亿美元（1690 亿英镑），这是一家美国公司创纪录的单日亏损，其股票在季度数据令投资者失望后下跌了 26.4%。彭博亿万富翁指数（Bloomberg Billionaire Index）显示，由于该公司股价下跌，首席执行官马克·扎克伯格（Mark Zuckerberg）的净资产减少了 310 亿美元（扎克伯格个人财富的降幅相当于爱沙尼亚的年度国内生产总值）。此前 Meta 透露，在截至去年 12 月底的 3 个月里，Facebook 的日活跃用户（DAUs）从上一季度的 19.3 亿降至 19.29 亿。

过去两年来，社会形势，特别是疫情在全球蔓延，对经济、政治、社会发展的恶化产生了重大影响，包括疫情的不确定性和挑战在全球范围内加剧了违规行为。2022 年 2 月初开始，丹麦（随后是挪威等其他北欧国家）正在解除其国内对疫情的所有限制。

Perpetuum 公司的技术环境是由全球范围内的最新发展所决定的，与合规风险的潜在关联，如内部风险、贿赂和腐败，作为网络渗透的动机或渠道，或针对组织人员，以获取有关新产品开发、知识产权等的机密或商业敏感信息。

外部环境还包括合规风险的增加,特别是与大型洗钱和欺诈计划有关的合规风险,包括但不限于美国财政部金融犯罪执法网络:揭露了世界上一些最大的银行(汇丰银行、摩根大通、巴克莱银行、德意志银行等)进行的 2 万亿美元交易,允许犯罪分子在世界各地转移赃款。

美国司法部证券交易委员会对高盛集团处以 10 亿美元的罚款,高盛同意就美国司法部证券交易委员会指控其在 Malaysia Development Berhad 案中违反反贿赂、账簿和记录以及《海外反腐败法》的内部会计控制条款达成和解。

近期有关廉政及反贪或反洗黑钱的资讯披露,有助于进一步提高公众对全球贪污、诈骗、逃税、洗黑钱等调查及揭露的认识。大量的违规行为,尤其是与洗钱有关的违规行为,也对丹麦产生了影响。

根据《2021 年透明国际腐败感知指数》,丹麦是世界上最透明的国家。丹麦最大的丹斯克银行在 2007—2015 年涉嫌洗钱,欧盟委员会称丹麦最大银行 2000 亿欧元(1780 亿英镑)洗钱案被称为欧洲"最大丑闻"。丹麦丹斯克银行洗钱丑闻引起人们对欧洲中央银行(ECB)监管有效性的关注。

Perpetuum 公司适用的法律法规背景和适用要求在第四部分进行了列举和明确。

Perpetuum 的合规文化建立在公司的价值观、道德、信仰和行为的世界最佳实践的基础上。这些价值观、道德、信仰和行为存在于整个公司,并与公司的组织结构和控制体系相互作用,产生有利于合规的行为规范,以防止和不容忍损害合规的行为,并实施诚信、良好治理、透明度、问责的原则,Perpetuum 的领导作用、稳健的合规愿景和战略以及证明有效的合规行为,旨在改善商业机会和可持续性,保护和提高组织的声誉和信誉,关注相关方的期望,证明公司对有效和高效地管理合规风险的承诺,增加第三方对组织取得持续成功的能力的信心,最大限度地减少发生违规的风险,以及随之而来的成本和声誉损害。

六 Perpetuum 的合规方针

Perpetuum 是一家处于快速发展阶段的公司,其主要的市场是在欧洲,并持续扩大其在中东和全球范围内的业务发展。Perpetuum 致力于确保遵守公司的合规义务,包括相关法律、监管要求、行业规范和组织标准,以及良好治理的标准、普遍接受的最佳实践、道德规范和社区期望。Perpetuum 的主要业务是为客户提供"在线投标服务",通过在线平台,对商品或者服务进行投标采购。该产品以互联网服务的形式交付,并冠以 Perpetuum 的品牌。客户通过公司网站 www.perpetuum.com 操作使用。

Perpetuum 的领导层致力在整个组织内推动 ISO 37301 标准和全球最佳合规实践,在公司业务流程中开发并整合合规管理体系要求,并在组织文化中融入诚信、良好治理、匹配、透明、问责和可持续的原则,并持续确保遵守国家、国际法律法规,展示公司的诚信、声誉、价值观、道德以及合规文化。

Perpetuum 致力于持续展示公司合规义务的高度合规性,包括遵守强制性要求(法律法规;许可证、执照或其他形式的授权;监管机构发布的命令、规则或指导;中东和世界范围内的国际业务关系中的条约、公约和协议,以及自愿选择遵守的要求(合同安排、行业标准、与公共机构和客户签订的业务守则协议等)。

该公司的目标是致力于将 Perpetuum 服务发展成为全球领先的在线投标服务提供商,并且:

◆ 保证服务的使用率和可用率每年不低于99.8%;
◆ 在使用 Perpetuum 服务时保持客户交易的完整性;
◆ 只有不可预防的中断才可被接受;
◆ 为客户提供足够的带宽容量,以保证对 Perpetuum 网站 www. Perpetuum. com 的不间断访问。客户有义务使用正规的互联网服务提供商,以保证适当的服务水平。

Perpetuum 公司致力于在其所有运营和服务中实现卓越的合规管理,实施组织的商业价值观、道德规范、目标和战略,并通过建立和整合商业实践,确保遵守组织的合规义务。根据 ISO 37301 标准持续改进公司合规管理体系,并将其融入到组织文化、员工行为和习惯中,使合规保持可持续性。

Perpetuum 的合规管理体系原则和目标适用于公司所有活动、运营和关系,并为设定合规目标提供了框架。

Perpetuum 的各级领导均应表现积极的、可见的、一致的和持续的承诺,以应用和遵守核心价值观和公认的良好治理、道德和社区标准,并将组织的价值观、道德、信仰和行为规范体现到人员行为中,确保基于风险的决策和积极的合规风险管理,鼓励和支持合规行为。防止和不容忍损害合规性的行为,树立规范,领导层应以身作则,并对合规管理实施合理的监督。

Perpetuum 的最高管理层任命了合规部门,该部门具有高水平的合规能力、地位权限和独立性,反映了有效合规的重要性,并确保合规职能部门直接向最高管理层报告。

Perpetuum 的合规部门应监督:在整个组织内适当分配已确定的合规义务的责任;将合规义务整合进入方针、流程和程序;所有相关人员均按要求接受培训;制定合规绩效指标,并为员工提供有关合规方针、流程和程序等文件,以及就合规相关事项向公司提供建议。

Perpetuum 致力于实现对公司合规义务和 ISO 37301 标准要求的高水平合规,不遵守 Perpetuum 的合规义务、合规方针、程序和流程,可能导致诉讼、处罚和罚款,并可能对公司声誉造成巨大损害。

Perpetuum 确保管理层、合规部门和有合规义务的人员具有高水平的合规能力,以有效履行合规义务,并确保根据合规风险评估的结果对管理层、员工以及外包方和第三方进行系统的培训,提高合规意识,以适应当前和将要变更的职位或职责要求、合规风险、变更的合规义务、组织结构、方针、活动、投诉和不合规引起的问题等。

Perpetuum 鼓励并允许员工、第三方和其他相关方对(在有合理理由相信信息属实的情况下)试图、涉嫌或实际违反合规方针或合规义务的行为提出疑虑和举报,而无需担心遭到报复,并禁止报复行为,保护举报者免遭报复。

合规方针发布在公司网站 www.perpetuum.com 上,并提供丹麦语、英语和阿拉伯语版本,发放给全体员工以及外包合作伙伴,并通过电子邮件发放、签署、接收和传达给其他相关方。

该方针已得到 Perpetuum 最高管理层的批准,该公司全力支持该方针的实施,并应至少每年进行一次评审。

批准人:

时间:

备注:Perpetuum 的合规方针需要有效传达(需要签署和接收)给员工和销售代理、顾问和外包方、合作伙伴,并通过电子邮件传达给其他相关方。

方针发布在公司网站 www.perpetuum.com 上。

七 Perpetuum 公司的合规义务清单

表36 合规义务清单(节选)

序号	部门	主要的活动、产品或服务	合规义务来源	合规义务	对运营的影响
1	财务	虚拟货币的兑换	欧盟发布其第五次反洗钱指令	将从事虚拟货币与法定货币之间兑换服务的主体以及钱包保管服务提供商（Custodian Wallet Providers）新纳入进了欧盟反洗钱被监管机构的范围。根据规定，这两类主体将在欧盟成员国中接受登记和监管要求	公司目前选择的虚拟货币兑换服务商还没有在欧盟成员国中备案登记的虚拟货币的兑换供应商，需督促其尽快登记或者重新选择供应商
2	财务	客户服务费支付过程	欧盟发布其第五次反洗钱指令	欧盟成员国可以有权进一步地选择在其领土上不接受匿名预付卡使用者的付款	公司有少部分客户使用，需要立即停止使用
3	财务	客户服务费支付过程	欧盟委员会《关于加强欧盟反洗钱和打击恐怖主义融资（AML/CTF）规则》的立法提案 2021年7月20日提案	欧盟于2015年修订《资金转移条例》以追踪加密资产转移，可能终结即时小额付款的匿名加密货币支付。2022年4月1日，欧洲议会在其官方网站发布《关于重新修订资金和特定加密资产转移附加信息条例的立法决议草案》，明确全球法人识别编码（LEI）在加密资产转移中的应用要求。欧盟《资金转移条例》仅适用于常规资金。2021年7月，欧盟委员会提出进一步完善欧盟反洗钱/打击恐怖主义融资（AML/CFT）规则的一揽子建议，将《资金转移条例》修订也包含其中，以期将条例适用范围扩展到加密资产领域，填补	公司目前允许少量使用加密资产进行支付和结算，该部分客户和业务会受到影响

续表

序号	部门	主要的活动、产品或服务	合规义务来源	合规义务	对运营的影响
				反洗钱和打击恐怖主义融资的重大漏洞。《草案》由欧洲议会经济和货币事务委员会和公民自由、司法和内政委员会联合起草，于2022年4月1日经最终表决后公布。《草案》第25条指出，向欧盟以外转移资金或加密资产，应携带完整的付款人和收款人信息，以便于主管部门打击位于第三国的洗钱或恐怖主义融资，追踪相关资金或加密资产来源。《草案》第14条"加密资产转移附加信息"第1款规定，发起人的加密资产转移提供商应确保加密资产转移附有发起人地址、国家、官方个人证件号码、客户识别号码或出生日期和地点。第14条第2款规定，发起人的加密资产转移提供商应确保加密资产转移附有受益人姓名、钱包地址，以及存在并用于处理交易的受益人加密资产账户	
4	客服	客户尽职调查过程	2018年欧盟发布其第5次反洗钱指令	通过降低第四号反洗钱指令中规定的某些阈值，来收紧对电子货币产品实施客户尽职调查措施的要求(成员国可允许义务主体不对使用电子货币的某些客户做尽职调查，不过，前提是这些电子支付工具的月最高支付交易限额为250欧元且只能在该成员国使用，同时，电子账户的最大余额不得超过250欧元；但是，欧盟第五号反洗钱令将两个阈值双双降低至150欧元；欧盟第四号反洗钱令	根据新的要求，需要进一步修订尽职调查的程序规定，扩大了对使用电子货币结算的用户进行尽职调查的范围

续表

序号	部门	主要的活动、产品或服务	合规义务来源	合规义务	对运营的影响
				曾规定,在现金赎回或电子货币价值现金提取超过100欧元的情况下不可以适用豁免程序,而欧盟第五号反洗钱令则将此门槛降至50欧元以作为进一步的限制;另外,新版反洗钱指令还明确,在所有远程支付交易单笔金额超过50欧元的场景情况下,亦不得豁免客户尽职调查程序)	
5	客服	客户尽职调查过程	2018年欧盟发布其第5次反洗钱指令	规定了义务实体必须进行强化型尽职调查措施的内容(例如,获取有关客户及受益所有人的资金来源和财富来源信息并获得高级管理层批准方可建立或继续业务关系等);根据欧盟第五号反洗钱令有关强化型尽职调查措施的要求,成员国可以选择要求义务主体(包括信贷机构)确保第一笔收付款是通过客户同名账户进行的	客户尽职调查的程序需要修订,细化尽职调查的内容,比如增加"获取有关客户及受益所有人的资金来源和财富来源信息"
6	客服	招标公告的审查过程	2014年欧洲议会和理事会《欧盟公共采购指令》,2014年2月26日发布	指令取消了之前公共采购设置的企业年营业额至少高于合同总价值两倍这一限制性条款	招标公告发布前需审查公共采购是否取消该限制条件
7	客服	招标公告的审查过程	欧盟委员会《数字服务法》(Digital Services Act,DSA)和《数字市场法》(the Digital Markets Act,DMA)的议案,2020年12月15日发布	在线平台有义务主动审查、处理和及时删除虚假信息、恐怖主义、仇恨言论等非法内容,审查其平台是否存在危险或假冒伪劣的第三方产品,并公开广告信息和推荐系统等,违规者将被处以最高达其年营业额6%的罚款	招标公告发布前需增加审查内容,需要审查虚假信息、恐怖主义、仇恨言论等非法内容,审查其平台是否存在危险或假冒伪劣的第三方产品

续表

序号	部门	主要的活动、产品或服务	合规义务来源	合规义务	对运营的影响
8	IT	平台的运维过程	欧盟委员会于2020年9月24日提出《关于欧盟金融服务业数字运营弹性法案》的立法提案	欧盟在区域内的金融服务业中建立了一个关于数字运营弹性的监管框架,根据该框架,所有公司都需要确保自己能够承受、应对以及从所有类型的金融服务和信息通信技术相关的运营中断和威胁中恢复	对公司预防和减轻网络威胁提出更高的要求,更加关注业务连续性的要求,需要强化组织的业务连续性计划,同时可能会增加公司在保持业务弹性方面的投入
9	销售	销售过程	欧盟委员会于2020年12月15日发布《数字服务法》和《数字市场法》的议案,并于2022年4月23日通过	《数字市场法》规定了判断和禁止不正当行为的统一规则,并提供了相应的执法机制。《数字市场法》规定了"看门人"应履行和应禁止的事项。该法禁止企业从事特定的反竞争行为(例如阻止用户卸载预装软件、阻止用户链接至平台以外的其他内容等),并要求其主动采取有利于竞争的行为(例如确保第三方服务的兼容性、为企业客户在其平台上投放广告提供必要的工具和信息、允许企业客户与平台外的其他客户签订合同等)	产品宣传材料和合同条款可能不符合《数字市场法》相关规定,需要修订

续表

序号	部门	主要的活动、产品或服务	合规义务来源	合规义务	对运营的影响
10	服务开发	产品和服务开发	欧盟于2018年5月25日发布《通用数据保护条例》	对违法企业的罚金最高可达2000万欧元(约合1.5亿元人民币)或者其全球营业额的4%,以高者为准。网站经营者必须事先向客户说明会自动记录客户的搜索和购物记录,并获得用户的同意,否则按"未告知记录用户行为"作违法处理。企业不能再使用模糊、难以理解的语言,或冗长的隐私政策来从用户处获取数据使用许可。明文规定了用户的"被遗忘权"(right to be forgotten),即用户个人可以要求责任方删除关于自己的数据记录	现有的平台的功能不能满足《通用数据保护条例》的相关规定,需要重新设计
……					

八 Perpetuum 的合规风险和措施清单

Perpetuum 的合规风险清单(节选)

Perpetuum 的合规风险评价模型和准则:

风险值 RPN = 风险后果的严重程度(S) × 风险发生的可能性(O) × 风险发现和预防的能力(D)

(1) 风险后果的严重程度(S):分为5个级别,各维度后果的严重程度统一折合为财产损失金额,再对应出后果严重程度的级别;

(2) 风险发生的可能性(O)分为1—5,共5个级别;

(3) 发现和预防的能力(D)分为1—5,共5个级别。

通过对 RPN 的设定划分风险的等级,根据评估出的风险等级,对风险的优先级别进行排序,制定相应的措施。

RPN 的风险等级:RPN 1—10 低风险;RPN 10—30 中风险;RPN > 30 高风险。

表 37　Perpetuum 的合规风险和措施清单

序号	合规风险	风险源	后果	后果的严重度(S)	发生的可能性(O)	当前控制措施	发现和预防的能力(D)	初始风险 $RPN_i = S \times O \times D$	风险等级
1	公司使用的虚拟货币更换服务提供商未在欧盟成员国登记和接受监管，违反欧盟第5次反洗钱指令	（1）大部分金融机构没有虚拟货币的兑换业务；（2）正规金融机构虚拟货币的兑换率低	会被处以罚款	2	3	（1）对虚拟货币兑换服务提供商进行了尽职调查；（2）对每一笔虚拟货币兑换都有严格的审批和登记	4	24	中
2	接受匿名付款，可能造成洗钱嫌疑，违反欧盟第5次反洗钱指令	有一部分客户要求使用匿名付款，公司不想损失这部分业务	会被处以高额罚款	4	3	公司以通知函方式告知现有合作伙伴不再接受匿名付款业务	2	24	中
3	对超过阈值的电子货币使用方未能进行尽职调查，违反欧盟第5次反洗钱指令	（1）公司尽职调查的文件未修改；（2）尽职调查的工作量加大，人手不够	会受到行政处罚和罚款	3	2	（1）按照原来的规定对电子货币使用方进行了尽职调查；（2）已口头要求按照新的阈值安排尽职调查	3	18	中
4	尽职调查的内容未包括欧盟第5次反洗钱指令中的强制性要求	公司尽职调查的文件未作修改	会受到行政处罚和罚款	3	2	（1）按照原来的规定进行了尽职调查；（2）已口头要求尽职调查内容包括欧盟第五次反洗钱指令中的强制性要求	2	12	中

续表

序号	合规风险	风险源	后果	后果的严重度(S)	发生的可能性(O)	当前控制措施	发现和预防的能力(D)	初始风险 RPNi = S×O×D	风险等级
5	现有的研发和IT人员的能力和意识不能快速适应ICT相关的安全和合规要求，开发的服务和产品不能保证满足法规中的安全性要求	(1)人员的合规能力、知识不足或者缺乏合规意识；(2)人员的技术能力与不断发展的技术要求存在差距	违反法规要求被制裁；罚款的处罚	3	3	(1)合规人员不定期获取最新的法律法规信息，并及时识别合规义务并告知各相关部门；(2)加强人才队伍的建设；计划建立信息安全管理体系，并通过ISO27001认证；(3)根据ICT的合规要求，对员工进行定期和不定期的合规培训	3	27	中
6	公司网站收集客户信息未事先向客户说明会自动记录客户的搜索和交易记录，并未获得用户的同意，违反了欧盟《通用数据保护条例》	担心事先向客户说明会自动记录客户的搜索和交易记录并获得用户的同意会影响业务推广和定制服务	行政处罚；高额罚款；被媒体曝光造成企业信誉损失	4	3	公司网站对用户进行了告知	3	36	高

续表

序号	合规风险	风险源	后果	后果的严重度(S)	发生的可能性(O)	当前控制措施	发现和预防的能力(D)	初始风险 RPNi = S×O×D	风险等级
7	未能主动审查、处理和及时删除公司平台的虚假信息、恐怖主义、仇恨言论等非法内容，未能及时发现平台上存在危险或假冒伪劣的第三方产品，未公开广告信息和推荐系统等	(1)审查的工作量太大；(2)目前的审查方式不能完全发现危险或假冒伪劣的第三方产品；(3)公开广告信息和推荐系统会影响广告收入	被行政处罚或者高额罚款	4	4	(1)建立平台信息监管机制，定期对平台的各类信息进行监控；(2)对广告投放商进行信息投放要求告知，发现违规的行为取消合作；(3)在网站公开举报和投诉方式，一旦发现这些方面的违规，会及时调查和撤除	3	48	高
8	未建立有效的业务连续性机制，无法应对ICT运营中断和从威胁中恢复，不符合欧盟金融服务业《数字运营弹性法案》(DORA)要求	(1)提升业务连续性需要投入大量的资金；(2)缺乏系统的管理方法	受到行政处罚；对现行业务造成经济损失；客户信誉下降	3	3	(1)进行了业务连续性管理体系标准ISO 22301的培训；(2)开始尝试制定业务连续性计划	3	27	中

九 Perpetuum 的合规风险应对措施清单

表 38　合规风险应对措施清单（节选）

序号	合规风险	风险等级	下一步控制措施	整合策划	有效性评价
1	未能主动审查、处理和及时删除公司平台的虚假信息、恐怖主义、仇恨言论等非法内容，未能及时发现平台上存在危险或假冒伪劣的第三方产品，未公开广告信息和推荐系统等	高	修改发布系统，增加发布前审查环节	将审查内容和要求加入系统中	检查系统是否修改完毕，并增加了审查的内容和要求
				修改审查岗位人员岗位描述，增加审查的职责，并修改任职资格要求	检查审查岗位人员岗位描述是否包括审查职责描述、任职资格要求是否修改、修改的资格是否适宜
				修改岗位绩效考核指标，将审查差错率列入绩效考核方案中	检查岗位绩效考核指标是否考虑了审查差错率
			增加已发布信息的复查的抽样率	修改发布信息相关管理文件，增加了已发布信息复查的抽样率	检查发布信息相关管理文件是否增加了已发布信息复查的抽样率
2	公司网站收集客户信息未事先向客户说明会自动记录客户的搜索和交易记录，并未获得用户的同意，违反了欧盟《通用数据保护条例》	高	修改网站用户注册和登录程序，增加告知和批准环节	将对客户的告知和批准整合进入系统中新会员注册流程和老会员的登录流程	检查新会员注册流程和老会员的登录流程是否整合了对客户的告知和批准；抽查会员的后台资料是否有客户的告知和批准文件

续表

序号	合规风险	风险等级	下一步控制措施	整合策划	有效性评价
3	公司使用的虚拟货币更换服务提供商未在欧盟成员国登记和接受监管,违反欧盟第5次反洗钱指令	中	再次确认公司使用的虚拟货币更换服务提供商是否在欧盟成员国登记和接受监管	将公司使用的虚拟货币更换服务提供商在欧盟成员国登记和接受监管的证明性材料放入该供应商资质文件中	检查公司使用的虚拟货币更换服务提供商资质文件是否包括在欧盟成员国登记和接受监管的证明性材料
			要求虚拟货币更换服务提供商的尽职调查内容包括,是否在欧盟成员国登记和接受监管的确认	修改虚拟货币更换服务提供商的尽职调查文件和报告要求,将是否在欧盟成员国登记和接受监管作为尽职调查内容	检查虚拟货币更换服务提供商的尽职调查文件和报告要求,是否将在欧盟成员国登记和接受监管作为尽职调查内容
4	接受匿名付款,可能造成洗钱嫌疑,违反欧盟第5次反洗钱指令	中	要求财务部门禁止接收匿名付款	修改系统付款流程,增加实名确认环节	测试系统付款流程是否增加实名确认环节
			严禁代理商代收代付或者现金交易	修改系统付款流程,增加审查付款人是否为代理商账号环节	测试系统付款流程是否能识别代理商账号
5	对超过阈值的电子货币使用方未能进行尽职调查,违反欧盟第5次反洗钱指令	中	要求按照新的阈值要求安排尽职调查	修改系统使其能够自动识别超过最新阈值的电子货币使用方,并监督尽职报告的上传	测试系统是否能够自动识别超过最新阈值的电子货币使用方,并能监督尽职报告的上传
6	尽职调查的内容未包括欧盟第5次反洗钱指令中的强制性要求	中	要求尽职调查的内容包括欧盟第5次反洗钱指令中的强制性要求	修改尽职调查的文件和报告,增加欧盟第5次反洗钱指令中的强制性要求	检查尽职调查的文件和报告是否增加欧盟第5次反洗钱指令中的强制性要求

续表

序号	合规风险	风险等级	下一步控制措施	整合策划	有效性评价
7	现有的研发和IT人员的能力和意识不能快速适应ICT相关的安全和合规要求,开发的服务和产品不能保证满足法规中的安全性要求	中	对现有研发和IT人员进行产品安全性的培训	将对现有研发和IT人员进行产品安全性的培训列入年度培训计划	检查公司年度培训计划是否包含对现有研发和IT人员进行产品安全性的培训,并检查执行情况
			安排外部专业机构对公司开发的产品的安全性进行测试	修改公司产品开发管理流程,增加外部专业机构对公司开发的产品的安全性进行测试的要求	检查公司产品开发管理流程是否增加外部专业机构对公司开发的产品的安全性进行测试的要求,并检查执行情况
8	未建立有效的业务连续性机制,无法应对ICT运营中断和从威胁中恢复,不符合欧盟金融服务业《数字运营弹性法案》(DORA)要求	中	制定计划在公司全面建设ISO 22031业务连续性管理体系并取得认证	为公司建设ISO 22031业务连续性管理体系并取得认证项目安排专项费用	检查公司预算是否为ISO 22031业务连续性管理体系并取得认证项目安排专项费用
				将建设ISO 22031业务连续性管理体系并取得认证作为2022年重点工作,由IT部门负责,并进行考核	检查业务连续性管理体系建设和认证情况

附录二

《中央企业合规管理办法》和 ISO 37301 标准的差异和整合

近年来随着中国经济的快速发展、中国企业的不断壮大,尤其是"一带一路"倡议建设的推进,越来越多的中国企业离开熟悉和舒适的国内市场,参与到全球市场竞争当中。但很不幸的是,因为不同国家、地区有不同的市场环境和竞争规则,而一些中国企业并没有对合规给予足够的重视,没有认真地学习和适应,只沿用在国内的习惯做法,导致发生不合规事件而遭受制裁或处罚。到目前为止有超过40家中国企业被列入过世界银行黑名单。更重要的是,当今社会,利用对竞争对手国家的龙头企业的违规处罚或制裁以达到削弱竞争对手国家实力和竞争力的目的,已经成为大国博弈的重要手段。而中央企业是国内甚至是全球一些重要领域的领导性企业,也是"一带一路"倡议建设的主要力量,因此早已成为一些大国重点关注的对象。如中兴通讯,一个年产值上千亿的通讯行业的骨干企业,被处罚14.9亿美元的同时,被列入美国禁售制裁名单,损失巨大。而同样是中国通讯行业的领头羊的华为也一直受到美国一些监管机构的调查,这为我们在合规管理方面敲响了警钟。

基于这些原因的考虑,早在2015年12月8日,国务院国资委《关于全面推进法治央企建设的意见》(国资发法规[2015]166号)就指出"中央企业是我国国民经济的重要支柱,是落实全面依法治国战略的重要主体",要求中央企业加快提升合规管理能力,到2020年,中央企业"依法治企能力达到国际同行业先进水平,努力成为治理完善、经营合规、管理规范、守法诚信的法治央企"。2018年11月2日,国务院国资委下发了《中央企业合规管理指引(试行)》(以下简称《合规指引》),明确提出中央企业应当加快建立健全合规管理体系。"指引"在试行中也发现了很多问题,2022年4月1日,国务院国资委对外发布《中央企业合规管理办法》征求意见稿,通过国务院国资委官网向社会公开征求意见,经过大幅度修改后于2022年9月16日正式发布,于 2022 年 10 月 1 日正式实施。《管理办法》共 8 章,相较于 2018 年《合规指引》,条款也由原来的 31 条扩充至 42 条,修订的内容较多,主要变化有以下几个方面:

(1) 修订了"合规""合规风险"和"合规管理"的定义;

(2) 增加了"坚持党的领导"的原则,并在组织和职责方面强调党委(党组)在企业合规管理方面的领导作用;

(3) 明确了业务和职能部门在企业合规管理方面的主体责任;

(4) 提出建立专业化、高素质的合规管理队伍,要求设立首席合规官,业务及职能部门设置合规管理员,合规管理部门配置专职的合规管理人员;

(5) 在原则中虽然强调"突出对重点领域、关键环节和重要人员的管理",但是对比"指引"简化了对合规管理的重点领域的描述,没有再详细说明重点环节和重点人员,给企业更大自主权根据企业的实际情况进行合规管理;

(6) 强调建立分级分类的制度体系,要求建立基本制度、重点领域的具体制度或专项指南、涉外业务的专项合规管理制度;

(7) 细化了举报管理、合规文化和信息化建设的要求;

(8) 突出强调了对中央企业违反本办法和合规管理重大过错的问责;

(9) 要求中央企业不但要"建立健全符合企业实际的合规管理体系",还要"推动所属单位建立健全合规管理体系"。

《管理办法》对央企合规管理工作提出了明确的要求,内容很多,并且不同于《合规指引》,是对央企合规管理工作的监管要求,是底线要求。央企如何贯彻该《管理办法》? 如何建立健全合规管理体系? 成为央企最高管理层和合规管理部门人员需要认真研究和考虑的问题。其实,2012 年 10 月,ISO 就成立了 ISO/PC271 合规管理委员会,负责制定合规管理体系国际标准;2014 年 12 月 15 日,ISO 19600:2014《合规管理体系 指南》发布实施;2017 年 12 月 29 日,GB/T 35770—2017《合规管理体系 指南》国家标准也经国家质量监督检验检疫总局、国家标准化管理委员会正式批准、发布,并于 2018 年 7 月 1 日起实施。2021 年 4 月 13 日,ISO 37301:2021《合规管理体系 要求及使用指南》正式发布,成为合规管理理论进一步成熟、合规管理体系建设得到广泛重视强化的重要标志和里程碑。

ISO 37301:2021《合规管理体系 要求及使用指南》汇集了国际上被广泛认可的合规管理理论和最佳实践,通过运用管理体系方法对合规问题和合规风险进行管理。

ISO 37301 标准的发布和实施给希望加强合规管理、提升合规管理水平、建设合规管理体系的企业提供了全面系统的参考和指南。虽然《管理办法》对央企加强合规管理、建立健全合规管理体系提出了明确的要求,但是这些只是一些重点要求,从合规管理和建立合规管理体系的角度并不完善,也没有对这些要求之间的逻辑关系和合规管理体系建立的方法进行说明。

为了帮助央企更好地理解和贯彻该《管理办法》,更好地建立健全合规管理体系,我们将该《管理办法》与 ISO 37301 标准进行了对比分析,对央企如何按照 ISO 37301 标准建立合规管理体系来满足甚至超越《管理办法》的要求进行了详细说明。

因为《管理办法》是监管要求,而 ISO 37301 标准是融合了全球最新管理理念和最佳实践的合规管理体系标准,比《管理办法》的要求更加全面。为了保留 ISO 37301 标准的系统性,我们以 ISO 37301 标准的条款顺序为基础,将标准条款内容与《管理办法》对应内容进行比较分析以了解差异,达到将《管理办法》和 ISO 37301 标准要求整合的目的。如果某些标准条款在《管理办法》中没有对应的相关要求时,表格中这些条款的地方是空白或注明"无"。现将研究成果与大家分享。

《管理办法》的第 1 章是总则,明确了目的、适用范围、一些主要术语的定义和基本原则。术语如合规、合规风险、合规管理等,尽管术语定义表述与 ISO 37301 标准有差异,但是内容没有大的区别。

《管理办法》明确了基本原则:坚持党的领导、坚持全面覆盖、坚持权责清晰、坚持务实高效,并对这 4 个基本原则进行了解释。与 ISO 37301 标准的基本原则:诚信、良好治理、匹配、透明、问责、可持续对比,从表面上看存在较大差异(大家可以对照本书第一章之四"合规管理的基本原则"对标准的 6 个基本原则解释,理解《管理办法》和"标准"的基本原则不同),但是我们也应看到《管理办法》和"标准"的基本原则只是强调的重点和角度不同,并不矛盾。对于中央企业来说,在理解和贯彻《管理办法》这 4 个基本原则的同时,也需要在企业的合规管理中落实标准的 6 个基本原则。

我们下面将重点讨论《管理办法》的第 2 章到第 7 章的内容与 ISO 37301 标准的差异和如何实现整合,如表 39 所示:

表39 《管理办法》第2章到第7章内容与ISO 37301标准差异与整合表

条款	ISO 37301标准	《管理办法》	存在的差异和整合的办法
4.1 理解组织及其环境	组织应确定与其宗旨相关的,影响其实现合规管理体系预期结果的能力的内部和外部事项。 为此,组织应结合诸多事项,包括但不限于: ——业务模式,包括组织活动和运行的战略、性质、规模、复杂性和可持续性; ——与第三方业务关系的性质和范围; ——法律和监管环境; ——经济状况; ——社会、文化、环境背景; ——内部结构、方针、过程、程序和资源,包括技术; ——自身的合规文化	无	《管理办法》缺少对组织内外部环境进行分析的明确要求。内外部环境的分析是识别重要合规义务和评价合规风险的依据,内外部环境的变化影响合规义务和合规风险的变化,建议按照ISO 37301标准的要求对组织内外部环境进行分析
4.2 理解相关方的需要和期望	组织应确定: ——与合规管理体系有关的相关方; ——这些相关方的有关需求; ——哪些需求将通过合规管理体系予以解决	无	《管理办法》缺少对组织相关方需要和期望识别和分析要求。相关方需要和期望的识别也是识别重要合规义务和评价合规风险的依据,一些重要的相关方需要和期望要作为合规义务进行管理。建议按照ISO 37301标准的需要对相关方要求进行识别
4.3 确定合规管理体系的范围	组织应确定合规管理体系的边界和适用性,以确立其范围。 组织应根据以下内容确定合规管理体系的范围: ——4.1提及的内部和外部事项; ——4.2、4.5和4.6提及的需求。 范围应作为文件化信息可获取	无	《管理办法》缺少对合规管理体系的范围的要求。合规管理体系的建设可以分步走,先选择风险高的单位或业务线建立合规管理体系,然后逐步扩大到所有单位和业务线

续表

条款	ISO 37301 标准	《管理办法》	存在的差异和整合的办法
4.4 合规管理体系	组织根据本文件的要求,应建立、实施、维护和持续改进合规管理体系,包括所需的过程及其相互作用。合规管理体系应反映组织的价值观、目标、战略和合规风险,并且应结合组织环境(见4.1)。	无	ISO 37301 标准这个条款是对合规管理体系的总体要求,《管理办法》对此没有明确,建议按照 ISO 37301 标准的要求执行
4.5 合规义务	组织应系统识别来源于组织活动、产品和服务的合规义务,并评估其对运行所产生的影响。组织应建立过程以: a) 识别新增及变更的合规义务,确保持续合规; b) 评价已识别的变更的义务所产生的影响,并对合规义务管理实施必要的调整。 组织应维护其合规义务的文件化信息	无	这是《管理办法》最大的缺失,没有合规义务,哪来合规风险。如果重要的合规义务有漏项,必然造成合规风险的缺失。建议按照 ISO 37301 标准要求识别合规义务
4.6 合规风险评估	组织应基于合规风险评估,识别、分析和评价其合规风险。 组织应通过将其合规义务与活动、产品、服务以及运行的相关方面关联,来识别合规风险。 组织应评估与外包的和第三方的过程相关的合规风险。 组织应定期评估合规风险,并在组织环境发生重大变化时进行评估。 组织应保留有关合规风险评估和应对合规风险措施的文件化信息	第20条 中央企业应当建立合规风险识别评估预警机制,全面梳理经营管理活动中的合规风险,建立并定期更新合规风险数据库,对风险发生的可能性、影响程度、潜在后果等进行分析,对典型性、普遍性或者可能产生严重后果的风险及时预警	ISO 37301 标准第4.6条的要求能够覆盖《管理办法》第20条的要求,而且更加具体明确,并增加了要求: (1)组织应通过将其合规义务与活动、产品、服务以及运行的相关方面关联,来识别合规风险; (2)组织应评估与外包的和第三方的过程相关的合规风险; (3)组织应定期评估合规风险,并在组织环境发生重大变化时进行评估。 建议企业按照 ISO 37301 标准的要求进行合规风险的评估

续表

条款	ISO 37301 标准	《管理办法》	存在的差异和整合的办法
5.1 领导作用和承诺			
5.1.1 治理机构和最高管理者	治理机构和最高管理者应通过以下方面证实其对合规管理体系的领导作用和承诺： ——确保合规方针和合规目标得以确立，并与组织的战略方向一致； ——确保将合规管理体系要求融入组织的业务过程； ——确保合规管理体系所需的资源可获取； ——就有效的合规管理的重要性以及符合合规管理体系要求的重要性进行沟通； ——确保合规管理体系实现其预期结果； ——指导和支持人员为合规管理体系的有效性作出贡献； ——促进持续改进； ——支持其他相关岗位在职责范围内证实其领导作用。 治理机构和最高管理者应： ——确立和坚持组织的价值观； ——确保制定并实施方针、过程和程序，以实现合规目标； ——确保能及时获知合规事件，包括不合规情况，并确保采取适当措施； ——确保维护合规承诺，并妥善处理不合规和不合规行为； ——视情况确保合规责任在工作职责说明中得到体现；	第7条 中央企业党委(党组)发挥把方向、管大局、促落实的领导作用，推动合规要求在本企业得到严格遵循和落实，不断提升依法合规经营管理水平。 中央企业应当严格遵守党内法规制度，企业党建工作机构在党委(党组)领导下，按照有关规定履行相应职责，推动相关党内法规制度有效贯彻落实。 第8条 中央企业董事会发挥定战略、作决策、防风险作用，主要履行以下职责： (一)审议批准合规管理基本制度、体系建设方案和年度报告等。 (二)研究决定合规管理重大事项。 (三)推动完善合规管理体系并对其有效性进行评价。 (四)决定合规管理部门设置及职责。 第9条 中央企业经理层发挥谋经营、抓落实、强管理作用，主要履行以下职责： (一)拟订合规管理体系建设方案，经董事会批准后组织实施。	《管理办法》明确了党委(党组)、董事会、经理层、合规委员会、首席合规官、合规牵头部门等的职责，可以看出在党委领导下的董事会是治理机构；经理层对应最高管理者；合规委员会、首席合规官、合规管理部门负有合规职能，从其相关职责可以看出与 ISO 37301 标准的要求基本一致

续表

条款	ISO 37301 标准	《管理办法》	存在的差异和整合的办法
	——任命或提名合规团队（见5.3.2）； ——确保根据8.3确立了提出和解决疑虑的机制	（二）拟订合规管理基本制度，批准年度计划等，组织制定合规管理具体制度。 （三）组织应对重大合规风险事件。 （四）指导监督各部门和所属单位合规管理工作。 第10条 中央企业主要负责人作为推进法治建设第一责任人，应当切实履行依法合规经营管理重要组织者、推动者和实践者的职责，积极推进合规管理各项工作。 第11条 中央企业设立合规委员会，可以与法治建设领导机构等合署办公，统筹协调合规管理工作，定期召开会议，研究解决重点难点问题。 第12条 中央企业应当结合实际设立首席合规官，不新增领导岗位和职数，由总法律顾问兼任，对企业主要负责人负责，领导合规管理部门组织开展相关工作，指导所属单位加强合规管理。 第14条 中央企业合规管理部门牵头负责本企业合规管理工作，主要履行以下职责： （一）组织起草合规管理基本制度、具体	

续表

条款	ISO 37301 标准	《管理办法》	存在的差异和整合的办法
		制度、年度计划和工作报告等。 (二)负责规章制度、经济合同、重大决策合规审查。 (三)组织开展合规风险识别、预警和应对处置,根据董事会授权开展合规管理体系有效性评价。 (四)受理职责范围内的违规举报,提出分类处置意见,组织或者参与对违规行为的调查。 (五)组织或者协助业务及职能部门开展合规培训,受理合规咨询,推进合规管理信息化建设。 中央企业应当配备与经营规模、业务范围、风险水平相适应的专职合规管理人员,加强业务培训,提升专业化水平	
5.1.2 合规文化	组织应在其内部各个层级建立、维护并推进合规文化。治理机构、最高管理者和管理者应证实,对于整个组织所要求的共同行为准则,其做出了积极的、明示的、一致且持续的承诺。 最高管理者应鼓励创建和支持合规的行为,应阻止且不容忍损害合规的行为	第5章 合规文化 第29条 中央企业应当将合规管理纳入党委(党组)法治专题学习,推动企业领导人员强化合规意识,带头依法依规开展经营管理活动。 第30条 中央企业应当建立常态化合规培训机制,制定年度培训计划,将合规管理作为管理人员、重点岗位人员和新入职	两者要求一致。《管理办法》对合规文化建设的要求进行了细化,按照《管理办法》实施同时能够满足 ISO 37301 标准要求

续表

条款	ISO 37301 标准	《管理办法》	存在的差异和整合的办法
		人员培训必修内容。 第 31 条 中央企业应当加强合规宣传教育，及时发布合规手册、组织签订合规承诺，强化全员守法诚信、合规经营意识。 第 32 条 中央企业应当引导全体员工自觉践行合规理念，遵守合规要求，接受合规培训，对自身行为合规性负责，培育具有企业特色的合规文化。	
5.1.3 合规治理	治理机构和最高管理者应确保下列原则得到实施： ——合规团队应能直接接触治理机构； ——合规团队的独立性； ——合规团队具有适当的权限和能力	第 8 条 中央企业董事会发挥定战略、作决策、防风险作用，主要履行以下职责： （一）审议批准合规管理基本制度、体系建设方案和年度报告等。 （二）研究决定合规管理重大事项。 （三）推动完善合规管理体系并对其有效性进行评价。 （四）决定合规管理部门设置及职责。 第 11 条 中央企业设立合规委员会，可以与法治建设领导机构等合署办公，统筹协调合规管理工作，定期召开会议，研究解决重点难点问题。 第 12 条 中央企业应当结合实际设立首席合规官，不新增领导岗位和职数，由总	《管理办法》这 3 条部分体现了 ISO 37301 标准第 5.1.3 条的要求，但是在合规管理部门能否直接接触治理机构方面并未明确。结合《关于进一步深化法治央企建设的意见》（国资发法规规〔2021〕80 号），明确"持续完善总法律顾问制度，……坚持总法律顾问专职化、专业化方向，直接向企业主要负责人负责"，以及《管理办法》董事会决定合规管理部门设置及职责、"首席合规官……由总法律顾问兼任，对企业主要负责人负责，"的规定，可合理理解首席合规官和合规管理部门由董事会决定。建议公司在具体的合规管理文件中，进一步明确首席合规官、合规管理部门可以直接向党委和董事会报告的具体路径，合规部门的考核和

续表

条款	ISO 37301 标准	《管理办法》	存在的差异和整合的办法
		法律顾问兼任,对企业主要负责人负责,领导合规管理部门组织开展相关工作,指导所属单位加强合规管理。 第14条 中央企业合规管理部门牵头负责本企业合规管理工作,主要履行以下职责: (一)组织起草合规管理基本制度、具体制度、年度计划和工作报告等。 (二)负责规章制度、经济合同、重大决策合规审查。 (三)组织开展合规风险识别、预警和应对处置,根据董事会授权开展合规管理体系有效性评价。 (四)受理职责范围内的违规举报,提出分类处置意见,组织或者参与对违规行为的调查。 (五)组织或者协助业务及职能部门开展合规培训,受理合规咨询,推进合规管理信息化建设。 中央企业应当配备与经营规模、业务范围、风险水平相适应的专职合规管理人员,加强业务培训,提升专业化水平	任免应由党委和董事会负责,提高合规管理部门的独立性

续表

条款	ISO 37301 标准	《管理办法》	存在的差异和整合的办法
5.2 合规方针	治理机构和最高管理者应确立合规方针,该方针: a)适合于组织的宗旨, b)为设定合规目标提供框架, c)包括满足适用需求的承诺, d)包括持续改进合规管理体系的承诺。 合规方针应: ——与组织的价值观、目标和战略保持一致; ——要求遵守组织的合规义务; ——根据5.1.3支持合规治理原则; ——提及并描述合规职能; ——概述不遵守组织的合规义务、方针、过程和程序的后果; ——鼓励提出疑虑,并且禁止任何形式的报复; ——用通俗易懂的语言书写,易于所有人员理解其原则和意图; ——被适当地实施和执行; ——作为文件化信息可获取; ——在组织内予以沟通; ——视情况,可被相关方获取	无	《管理办法》没有要求建立合规方针,这也是一个比较大的缺失。合规方针类似于宪法。宪法是公民行为的基本准则,为所有法规的制定提供了依据。合规方针为合规明确了方向和原则,是合规文化的核心。企业应按照 ISO 37301 标准的要求建立合规方针

续表

条款	ISO 37301 标准	《管理办法》	存在的差异和整合的办法
5.3 岗位、职责和权限			
5.3.1 治理机构和最高管理者	治理机构和最高管理者应确保在组织内分配并沟通相关岗位的职责和权限。 治理机构和最高管理者应分配职责和权限,以便: a)确保合规管理体系符合本文件的要求; b)获得合规管理体系绩效的报告。 治理机构应: ——确保根据合规目标的实现情况来对最高管理者进行衡量; ——对最高管理者运行合规管理体系的情况进行监督。 最高管理者应: ——为建立、制定、实施、评价、维护和改进合规管理体系配置足够且适当的资源; ——确保建立及时有效的合规绩效报告制度; ——确保战略和运行目标与合规义务相协同; ——确立和维护问责机制,包括纪律处分和结果; ——确保合规绩效与人员绩效考核挂钩。	第7条 中央企业党委(党组)发挥把方向、管大局、促落实的领导作用,推动合规要求在本企业得到严格遵循和落实,不断提升依法合规经营管理水平。 中央企业应当严格遵守党内法规制度,企业党建工作机构在党委(党组)领导下,按照有关规定履行相应职责,推动相关党内法规制度有效贯彻落实。 第8条 中央企业董事会发挥定战略、作决策、防风险作用,主要履行以下职责: (一)审议批准合规管理基本制度、体系建设方案和年度报告等。 (二)研究决定合规管理重大事项。 (三)推动完善合规管理体系并对其有效性进行评价。 (四)决定合规管理部门设置及职责。 第9条 中央企业经理层发挥谋经营、抓落实、强管理作用,主要履行以下职责:	《管理办法》中的在党委(党组)领导下的董事会对应治理机构;经理层对应最高管理者;合规委员会、首席合规官、合规管理部门对应合规职能部门;业务及职能部门对应管理人员;全员对应员工;中央企业纪检监察机构和审计、巡视巡察、监督追责等部门履行合规职能部门监督职责。《管理办法》对相关角色进行了细化,适应于央企的组织架构和已有的岗位设置,符合标准的要求
5.3.2 合规团队	合规团队应负责合规管理体系的运行,包括: ——推进识别合规义务; ——编制合规风险评估文件(见4.6); ——使合规管理体系与合规目标保持一致; ——监视和测量合规绩效; ——分析和评价合规管理体系的绩效,以确认是否	(一)拟订合规管理体系建设方案,经董事会批准后组织实施。 (二)拟订合规管理基本制度,批准年度计划等,组织制定合规管理具体制度。	

续表

条款	ISO 37301 标准	《管理办法》	存在的差异和整合的办法
	需要采取纠正措施； ——确立合规报告和文件化制度； ——确保按策划的时间间隔对合规管理体系进行评审(见9.2和9.3)； ——确立提出疑虑和确保疑虑得到解决的制度。 合规团队应监督： ——履行已识别的合规义务的职责在整个组织内得到适当分配； ——合规义务与方针、过程和程序的整合； ——所有相关人员按要求接受培训； ——确立合规绩效指标。 合规团队应： ——使人员可获得与合规方针、过程和程序有关的资源； ——就合规相关事项向组织提供建议。 注：合规团队的特定职责并不免除其他人员的合规责任。 组织应确保合规团队能接触： ——高级决策者，并有机会在决策早期提出建议； ——组织的所有层级； ——所有人员、文件化信息和所需的数据； ——专家关于相关法律、法规、准则和组织标准提出的建议。	(三)组织应对重大合规风险事件。 (四)指导监督各部门和所属单位合规管理工作。 第10条 中央企业主要负责人作为推进法治建设第一责任人，应当切实履行依法合规经营管理重要组织者、推动者和实践者的职责，积极推进合规管理各项工作。 第11条 中央企业设立合规委员会，可以与法治建设领导机构等合署办公，统筹协调合规管理工作，定期召开会议，研究解决重点难点问题。 第12条 中央企业应当结合实际设立首席合规官，不新增领导岗位和职数，由总法律顾问兼任，对企业主要负责人负责，领导合规管理部门组织开展相关工作，指导所属单位加强合规管理。 第13条 中央企业业务及职能部门承担合规管理主体责任，主要履行以下职责： (一)建立健全本部门业务合规管理制度和流程，开展合规风险识别评估，编制风险清单和应对预案。 (二)定期梳理重点岗位合规风险，将合规要求纳入岗位职责。	
5.3.3 管理者	管理者应通过以下方式对其职责范围内的合规工作负责： ——配合和支持合规团队，并鼓励人员也这么做；		

续表

条款	ISO 37301 标准	《管理办法》	存在的差异和整合的办法
	——确保在其控制下的所有人员都遵守组织的合规义务、方针、过程和程序； ——识别其运行中的合规风险并进行沟通； ——在其职责范围内将合规义务融入现有的业务实践和程序； ——参加并协助合规培训活动； ——培养人员的合规意识，指导他们满足培训和能力要求； ——鼓励并支持人员提出合规疑虑，并防止任何形式的报复； ——根据要求积极参与合规相关事件和事项的管理、解决； ——确保一经确认需要采取纠正措施时，适当的纠正措施能得到推荐和实施。	(三)负责本部门经营管理行为的合规审查。 (四)及时报告合规风险，组织或者配合开展应对处置。 (五)组织或者配合开展违规问题调查和整改。 中央企业应当在业务及职能部门设置合规管理员，由业务骨干担任，接受合规管理部门业务指导和培训。 第14条 中央企业合规管理部门牵头负责本企业合规管理工作，主要履行以下职责： (一)组织起草合规管理基本制度、具体制度、年度计划和工作报告等。 (二)负责规章制度、经济合同、重大决策合规审查。	
5.3.4 人员	所有人员应： ——遵守组织的合规义务、方针、过程和程序； ——报告合规疑虑、问题和漏洞； ——根据要求参加培训	(三)组织开展合规风险识别、预警和应对处置，根据董事会授权开展合规管理体系有效性评价。 (四)受理职责范围内的违规举报，提出分类处置意见，组织或者参与对违规行为的调查。 (五)组织或者协助业务及职能部门开展合规培训，受理合规咨询，推进合规管理信息化建设。	

续表

条款	ISO 37301 标准	《管理办法》	存在的差异和整合的办法
		中央企业应当配备与经营规模、业务范围、风险水平相适应的专职合规管理人员,加强业务培训,提升专业化水平。 第15条 中央企业纪检监察机构和审计、巡视巡察、监督追责等部门依据有关规定,在职权范围内对合规要求落实情况进行监督,对违规行为进行调查,按照规定开展责任追究	
6.1 应对风险和机会的措施	在策划合规管理体系时,组织应根据4.1提及的事项和4.2提及的需求,并确定需要应对的风险和机会,以便: ——确保合规管理体系能够实现预期结果, ——预防或减少不利影响, ——实现持续改进。 在策划合规管理体系时,组织应结合: ——其合规目标(见6.2), ——经识别的合规义务(见4.5), ——合规风险评估结果(见4.6)。 组织应策划以下活动: a)应对这些风险和机会的措施; b)如何: ——将措施纳入合规管理体系过程并实施, ——评价这些措施的有效性	第16条 中央企业应当建立健全合规管理制度,根据适用范围、效力层级等,构建分级分类的合规管理制度体系。 第17条 中央企业应当制定合规管理基本制度,明确总体目标、机构职责、运行机制、考核评价、监督问责等内容。 第18条 中央企业应当针对反垄断、反商业贿赂、生态环保、安全生产、劳动用工、税务管理、数据保护等重点领域,以及合规风险较高的业务,制定合规管理具体制度或者专项指南。中央企业应当针对涉外业务重要领域,根据所在国家(地区)法律法规等,结合实	通过对比可以看出:ISO 37301标准第6.1条应对风险和机会的措施要确定合规管理体系风险,并针对合规管理体系风险和合规风险,第4.6条制定风险控制措施,策划将措施整合到业务过程的方法以及措施有效性评价的方法。《管理办法》要求针对重点领域和合规风险较高的业务领域制定合规管理具体制度和专项指南,并要求针对涉外业务重要领域制定专项合规管理制度。专项合规制度或指南是原则要求,更重要的是按照"坚持全面覆盖"的原则将合规要求整合到业务过程中。建议各单位根据制定的专项合规管理制度和ISO 37301标准的要求,结合各单位实际的合规风险策划具体

续表

条款	ISO 37301 标准	《管理办法》	存在的差异和整合的办法
		际制定专项合规管理制度。 第19条 中央企业应当根据法律法规、监管政策等变化情况，及时对规章制度进行修订完善，对执行落实情况进行检查。 第22条 中央企业发生合规风险，相关业务及职能部门应当及时采取应对措施，并按照规定向合规管理部门报告	的措施，并策划如何整合到业务过程、如何评价措施的有效性。 《管理办法》第22条提出"中央企业发生合规风险，相关业务及职能部门应当及时采取应对措施"这种说法不准确，因为合规风险一直存在，只是风险高低问题，如果说"发生"应是指发生了不合规存在被处罚的风险，应采取应对措施并向合规管理部门报告
6.2 合规目标及其实现的策划	组织应在相关职能和层级上确立合规目标。 合规目标应： a) 与合规方针一致； b) 可测量(如果可行)； c) 体现适用的需求； d) 予以监视； e) 予以沟通； f) 视情况予以更新； g) 作为文件化信息可获取。 策划如何实现合规目标时，组织应确定： ——要做什么， ——需要什么资源， ——由谁负责， ——何时完成， ——如何评价结果	第17条 中央企业应当制定合规管理基本制度，明确总体目标、机构职责、运行机制、考核评价、监督问责等内容。 第28条 中央企业应当将合规管理作为法治建设重要内容，纳入对所属单位的考核评价	只要求建立合规管理总体目标，没有要求在相关职能和层级建立目标并制定目标的实施方案是《管理办法》的重大缺失。没有设置相关职能和层级的合规目标，合规风险处置和资源投入没有依据；没有相关职能和层级的合规目标，也没有办法评价风险控制措施和合规管理体系的有效性；没有相关职能和层级的合规目标做参照，如何将合规管理情况纳入绩效考核方案。建议按照ISO 37301标准第6.2条的要求实施，这是对《管理办法》的重要补充

续表

条款	ISO 37301 标准	《管理办法》	存在的差异和整合的办法
6.3 针对变更的策划	当组织确定需要变更合规管理体系时，应对这些变更的实施进行策划。组织应结合： ——变更目的及其潜在后果； ——合规管理体系设计和运行的有效性； ——足够的资源的可获取性； ——职责和权限的分配或再分配	无	《管理办法》没有明确对管理体系变更的策划要求，建议按照 ISO 37301 标准第 6.3 条的要求实施，是对《管理办法》的重要补充
7.1 资源	为建立、实施、维护和持续改进合规管理体系，组织应确定并提供所需的资源	第 6 条 中央企业应当在机构、人员、经费、技术等方面为合规管理工作提供必要条件，保障相关工作有序开展	《管理办法》规定明确，是确保资源的有效措施。按照《管理办法》实施，能够满足标准要求
7.2 能力			
7.2.1 通则	组织应： ——确定在其控制下工作、影响合规绩效的人员所需的能力； ——确保这些人员在适当的教育、培训或经验的基础上胜任工作； ——适用时，采取措施获得所需的能力，并评价所采取措施的有效性。 适当的文件化信息应作为能力证据可获取	第 5 条 ……（四）坚持务实高效。建立健全符合企业实际的合规管理体系，突出对重点领域、关键环节和重要人员的管理，充分利用大数据等信息化手段，切实提高管理效能	《管理办法》只是在原则中提出突出重要人员的管理，没有像 ISO 37301 标准那样要求识别合规管理体系的重要岗位、修改任职资格要求，采取措施确保重要岗位的人员都是胜任的。建议按照第 7.2.1 条的要求实施，是对《管理办法》原则的落实和重要补充

续表

条款	ISO 37301 标准	《管理办法》	存在的差异和整合的办法
7.2.2 聘用过程	组织应针对其所有人员开发、确立、实施和维护以下过程： a）要求人员遵守组织的合规义务、方针、过程和程序，作为人员的聘用条件； b）在聘用后的适当期间内，新聘用人员能获得合规方针的副本或者有渠道获得合规方针，并获得关于合规方针的培训； c）对于违反组织合规义务、方针、过程和程序的人员，应采取适当的纪律处分。 作为聘用过程的一部分，组织应结合岗位和人员可能引发的合规风险，在任何聘用、调动和晋升之前按要求进行尽职调查。 组织应实施对绩效目标、绩效奖金和其他激励措施进行定期评审的过程，以验证是否有适当的措施来防止鼓励不合规	第25条 中央企业应当完善违规行为追责问责机制，明确责任范围，细化问责标准，针对问题和线索及时开展调查，按照有关规定严肃追究违规人员责任。 中央企业应当建立所属单位经营管理和员工履职违规行为记录制度，将违规行为性质、发生次数、危害程度等作为考核评价、职级评定等工作的重要依据。 第30条 中央企业应当建立常态化合规培训机制，制定年度培训计划，将合规管理作为管理人员、重点岗位人员和新入职人员培训必修内容	《管理办法》明确了追责和根据违规行为进行考核，但缺少ISO 37301标准要求：一是对高风险岗位员工进行尽职调查；二是"组织应实施对绩效目标、绩效奖金和其他激励措施进行定期评审的过程，以验证是否有适当的措施来防止鼓励不合规。"建议按照第7.2.2条的要求实施，同时按照《管理办法》的要求根据违规行为进行考核
7.2.3 培训	组织应定期对有关人员进行培训，培训应在聘用开始时和组织策划的时间间隔实施。 培训应： a）适合于人员的岗位及其面临的合规风险； b）进行有效性评估； c）进行定期评审。 结合已识别的合规风险，组织应确保实施程序对代表组织开展业务并可能给组织带来合规风险的第三方进行培训，提高其合规意识。 培训记录应作为文件化信息予以保留	第30条 中央企业应当建立常态化合规培训机制，制定年度培训计划，将合规管理作为管理人员、重点岗位人员和新入职人员培训必修内容	《管理办法》只是提出"制定年度培训计划，将合规管理作为管理人员、重点岗位人员和新入职人员培训必修内容"，没有要求培训内容的差异化，没有要求对培训有效性进行评估，没有要求对本组织造成合规风险的第三方的合规培训，建议按照ISO 37301标准要求实施

续表

条款	ISO 37301 标准	《管理办法》	存在的差异和整合的办法
7.3 意识	在组织控制下工作的人员应知道： ——合规方针； ——他们对合规管理体系有效性的贡献，包括改善合规绩效带来的效益； ——不符合合规管理体系要求的后果； ——提出合规疑虑的方法和程序（见8.3）； ——工作岗位的合规义务与合规方针的关系； ——支持合规文化的重要性	无	《管理办法》没有明确"合规意识"到底是什么，员工应该知道什么，这是《管理办法》的一个缺失，建议按照 ISO 37301 标准第 7.3 条实施，是对《管理办法》的重要补充
7.4 沟通	组织应确定与合规管理体系有关的内部和外部沟通，包括： ——沟通什么， ——何时沟通， ——与谁沟通， ——如何沟通。 组织应： ——结合沟通需求，综合考虑沟通的多样性和潜在障碍； ——确立沟通的过程，确保结合了相关方的意见； ——在确立沟通过程时： • 应将其合规文化、合规目标和义务纳入沟通内容； • 应确保所沟通的合规信息与来源于合规管理体系的信息一致且可信 ——对与合规管理体系相关的沟通内容进行回应； ——视情况，保留文件化信息作为其沟通的证据； ——在组织的各层级和职能内部沟通与合规管理体	无	《管理办法》对沟通没有明确要求，建议按照第7.4 条的要求实施，是对《管理办法》的重要补充

续表

条款	ISO 37301 标准	《管理办法》	存在的差异和整合的办法
	系有关的信息,视情况包括合规管理体系的变更; ——确保人员能在沟通过程中为合规管理体系的持续改进做出贡献; ——确保人员能在沟通过程中提出合规疑虑(见8.3); ——通过组织确立的沟通过程,对外沟通包括其合规文化、合规目标和义务在内的与合规管理体系相关的信息		
7.5 文件化信息			
7.5.1 通则	组织的合规管理体系应包括: a) 本文件要求的文件化信息; b) 组织确定的,对于合规管理体系有效性所必需的文件化信息	无	《管理办法》对文件化信息的管理没有明确要求,建议按照 ISO 37301 标准第 7.5 条的要求实施,是对《管理办法》的重要补充
7.5.2 文件化信息的创建和更新	在创建和更新文件化信息时,组织应确保适当的: ——标记和说明(例如,标题、日期、作者或文件编号), ——形式(例如,语言文字、软件版本、图形)和载体(例如,纸质的、电子的), ——针对适宜性和充分性的评审和批准		

续表

条款	ISO 37301 标准	《管理办法》	存在的差异和整合的办法
7.5.3 文件化信息的控制	应控制合规管理体系和本文件所要求的文件化信息,以确保其: a)在需要的场所和时间均可获得并适于使用; b)得到充分保护(例如,防止泄密、不当使用或完整性受损)。 为了控制文件化信息,组织应开展以下适用的活动: ——分发、访问、检索和使用; ——存储和防护,包括保持易读性; ——对变更的控制(例如,版本控制); ——保留和处置。 对于组织确定的,策划和运行合规管理体系必要的、来自外部的文件化信息,应视情况进行识别,并予以控制		
8.1 运行的策划和控制	为满足要求和实施第6章确定的措施,组织应通过以下方式策划、实施和控制所需的过程: ——对过程确立准则; ——按照准则对过程实施控制。 文件化信息应根据必要程度可获取,以便确认过程已按照策划得到实施。 组织应控制已策划的变更,并评审非预期变更的后果,必要时采取措施减轻不利影响。 组织应确保与合规管理体系相关的、由外部提供的产品、过程或服务受控。 组织应确保第三方过程得到控制和监视	第22条 中央企业发生合规风险,相关业务及职能部门应当及时采取应对措施,并按照规定向合规管理部门报告。 第26条 中央企业应当结合实际建立健全合规管理与法务管理、内部控制、风险管理等协同运作机制,加强统筹协调,避免交叉重复,提高管理效能。 第34条 中央企业应当定期梳理业务流程,查找合规风险点,运用信息化手段将合规要求和防控措施嵌入流程,针对关键节点加强合规审查,强化过程管控	ISO 37301标准与《管理办法》都强调将风险控制措施整合到业务过程中,但是ISO 37301标准强调控制落实变更的策划,同时关注非预期的变更的影响,以及控制外包、供应商等第三方带来的风险,这些《管理办法》没有提及,但《管理办法》强调"运用信息化手段将合规要求和防控措施嵌入流程,针对关键节点加强合规审查",这是《管理办法》针对央企提出的具体要求,企业需要在按照标准实施的同时,关注和落实这个要求

续表

条款	ISO 37301 标准	《管理办法》	存在的差异和整合的办法
8.2 确立控制和程序	组织应实施控制以管理其合规义务和相关合规风险。应对这些控制进行维护、定期评审和测试，以确保其持续有效	第21条 中央企业应当将合规审查作为必经程序嵌入经营管理流程，重大决策事项的合规审查意见应当由首席合规官签字，对决策事项的合规性提出明确意见。业务及职能部门、合规管理部门依据职责权限完善审查标准、流程、重点等，定期对审查情况开展后评估。第34条 中央企业应当定期梳理业务流程，查找合规风险点，运用信息化手段将合规要求和防控措施嵌入流程，针对关键节点加强合规审查，强化过程管控	《管理办法》要求的合规审查只是落实合规义务的一项控制措施，企业不能局限于这一项控制措施；《管理办法》要求的"定期对审查情况开展后评估"也是 ISO 37301 标准要求的"定期评审和测试"的一种方式；《管理办法》要求的"运用信息化手段将合规要求和防控措施嵌入流程"也是 ISO 37301 标准要求的建立程序的一种方式。建议企业按照 ISO 37301 标准的要求执行，但是要重点关注落实《管理办法》要求的"合规审查""定期对审查情况开展后评估"以及"运用信息化手段将合规要求和防控措施嵌入流程"的要求
8.3 提出疑虑	组织应确立、实施并维护一个报告过程，以鼓励和促进（在有合理理由相信信息真实的情况下）报告试图、涉嫌或实际存在的违反合规方针或合规义务的行为。该过程应： ——在整个组织内可见并可访问； ——对报告保密； ——接受匿名报告； ——保护报告者免于遭受打击报复； ——便于人员获得建议。 组织应确保所有人员了解报告程序、了解其自身的权利和保障机制，并能运用相关程序	第24条 中央企业应当设立违规举报平台，公布举报电话、邮箱或者信箱，相关部门按照职责权限受理违规举报，并就举报问题进行调查和处理，对造成资产损失或者严重不良后果的，移交责任追究部门；对涉嫌违纪违法的，按照规定移交纪检监察等相关部门或者机构。中央企业应当对举报人的身份和举报事项严格保密，对举报属实的举报人可以给予	两者要求基本相同，但《管理办法》没有明确接受匿名举报，建议企业按照《管理办法》的要求落实，但应允许匿名举报

续表

条款	ISO 37301 标准	《管理办法》	存在的差异和整合的办法
		适当奖励。任何单位和个人不得以任何形式对举报人进行打击报复	
8.4 调查过程	组织应开发、确立、实施并维护过程,以评估、评价、调查有关涉嫌或实际的不合规情形的报告,并做出结论。这些过程应确保能公平、公正的做出决定。 调查过程应由具备相应能力的人员独立进行,且避免利益冲突。组织应视情况利用调查结果改进合规管理体系(见第10章)。组织应定期向治理机构或最高管理者报告调查的次数和结果。 组织应保留有关调查的文件化信息	第24条 中央企业应当设立违规举报平台,公布举报电话、邮箱或者信箱,相关部门按照职责权限受理违规举报,并就举报问题进行调查和处理,对造成资产损失或者严重不良后果的,移交责任追究部门;对涉嫌违纪违法的,按照规定移交纪检监察等相关部门或者机构	《管理办法》只是明确"就举报问题进行调查",但缺少对调查过程的要求,建议按照ISO 37301标准第8.4条的要求实施。
9.1 监视、测量、分析和评价			
9.1.1 通则	组织应对合规管理体系进行监视,以确保实现合规目标。 组织应确定: ——需要监视和测量什么; ——适用的监视、测量、分析和评价的方法,以确保有效的结果; ——何时实施监视和测量; ——何时对监视和测量的结果进行分析和评价。 文件化信息应作为结果证据可获取。 组织应评价合规绩效和合规管理体系的有效性	第19条 中央企业应当根据法律法规、监管政策等变化情况,及时对规章制度进行修订完善,对执行落实情况进行检查。 第27条 中央企业应当定期开展合规管理体系有效性评价,针对重点业务合规管理情况适时开展专项评价,强化评价结果运用。 第28条 中央企	《管理办法》明确提出对规章制度执行落实情况进行检查,"针对重点业务合规管理情况适时开展专项评价",利用大数据"对重点领域、关键节点的实时动态监测",将合规管理"纳入对所属单位的考核评价"都是ISO 37301标准要求的绩效监视测量的一种方式和具体要求。针对重点业务合规管理情况适时开展专项评价,但是没有要求对合规目标的测量

续表

条款	ISO 37301 标准	《管理办法》	存在的差异和整合的办法
		应当将合规管理作为法治建设重要内容，纳入对所属单位的考核评价。 第 36 条　中央企业应当利用大数据等技术，加强对重点领域、关键节点的实时动态监测，实现合规风险即时预警、快速处置	以及对监视测量方法、时机的要求，建议在按照 ISO 37301 标准第 9.1.1 条要求的基础上，落实《管理办法》的这 3 项要求
9.1.2　合规绩效的反馈来源	组织应确立、实施、评价和维护能够使其从多种渠道寻求并获取合规绩效反馈的过程。组织应对信息进行分析和严格评估，以确认不合规的根本原因，确保采取适当的措施，并在 4.6 要求的定期风险评估中反映上述信息	第 35 条　中央企业应当加强合规管理信息系统与财务、投资、采购等其他信息系统的互联互通，实现数据共用共享	《管理办法》提出的"互联互通"与 ISO 37301 标准第 9.1.2 条要求的目的不同，但可以作为合规绩效来源的一部分，建议按照《管理办法》的要求实施，同时采取措施收集测量不同相关方的合规绩效的感受和反馈信息
9.1.3　指标的开发	组织应开发、实施和维护一套适当的指标，以帮助组织评价其合规目标的实现情况并评估合规绩效	第 25 条　中央企业应当完善违规行为追责问责机制，明确责任范围，细化问责标准，针对问题和线索及时开展调查，按照有关规定严肃追究违规人员责任。 中央企业应当建立所属单位经营管理和员工履职违规行为记录制度，将违规行为性质、发生次数、危害程度等作为考核评价、职级评定等工作的重要依据	ISO 37301 标准要求的指标体系的建立是为了评估组织合规目标的实现和评价其合规绩效，当然可以作为《管理办法》要求的"所属单位经营管理和员工履职违规行为记录"是绩效的重要指标之一。建议按照 ISO 37301 标准要求建立完善的合规目标和指标体系，并落实《管理办法》的具体要求的，并将目标和指标落实到部门和岗位，作为绩效考核的重要内容

续表

条款	ISO 37301 标准	《管理办法》	存在的差异和整合的办法
9.1.4 合规报告	组织应确立、实施和维护合规报告过程,以确保: a)界定适当的报告准则; b)确立定期报告的时间表; c)实施非常规报告机制以便于临时报告; d)实施保证信息准确性和完整性的机制和过程; e)向组织中合适的职能或板块提供准确和完整的信息,以便及时采取预防、纠正和补救措施。 合规团队向治理机构或最高管理者提交的任何报告内容均应受到充分保护,以防止被修改	第22条 中央企业发生合规风险,相关业务及职能部门应当及时采取应对措施,并按照规定向合规管理部门报告。 中央企业因违规行为引发重大法律纠纷案件、重大行政处罚、刑事案件,或者被国际组织制裁等重大合规风险事件,造成或者可能造成企业重大资产损失或者严重不良影响的,应当由首席合规官牵头,合规管理部门统筹协调,相关部门协同配合,及时采取措施妥善应对。 中央企业发生重大合规风险事件,应当按照相关规定及时向国资委报告	ISO 37301 标准该部分要求更加全面,建议按照标准的要求实施,并落实《管理办法》向国资委报告的具体规定
9.1.5 记录保存	组织应保留合规活动准确且实时的记录,以协助监视和评审合规过程,并证实其符合合规管理体系要求	第33条 中央企业应当加强合规管理信息化建设,结合实际将合规制度、典型案例、合规培训、违规行为记录等纳入信息系统	ISO 37301 标准提出建立必要的记录,并确保其准确和最新;《管理办法》明确要求通过建立合规管理信息系统管理合规的文件和记录,角度不同,建议企业都要做到

续表

条款	ISO 37301 标准	《管理办法》	存在的差异和整合的办法
9.2 审核			
9.2.1 通则	组织应在策划的时间间隔内实施内部审核,以便为合规管理体系提供以下信息: a)是否符合: 1)组织自身对合规管理体系的要求; 2)本文件的要求; b)是否得到了有效地实施和维护	第27条 中央企业应当定期开展合规管理体系有效性评价,针对重点业务合规管理情况适时开展专项评价,强化评价结果运用	对于第9.2条审核的要求完全可以满足《管理办法》第27条的规定,而且更加明确具体。建议按照第9.2条的要求实施
9.2.2 内部审核方案	组织应策划、确立、实施和维护审核方案,包括频次、方法、职责、策划要求和报告。组织应根据相关过程的重要性和以往审核的结果,确立内部审核方案。 组织应: a)界定每次审核的目标、准则和范围; b)选择审核员并实施审核,以确保审核过程的客观性和公正性; c)确保向相关管理者和管理层报告审核结果。 文件化信息应作为实施审核方案和审核结果的证据可获取		

续表

条款	ISO 37301 标准	《管理办法》	存在的差异和整合的办法
9.3 管理评审			
9.3.1 通则	治理机构和最高管理者应在策划的时间间隔内对组织的合规管理体系进行评审,以确保合规管理体系持续的适宜性、充分性和有效性	第8条 中央企业董事会发挥定战略、作决策、防风险作用,主要履行以下职责： (一)审议批准合规管理基本制度、体系建设方案和年度报告等。 (二)研究决定合规管理重大事项。 (三)推动完善合规管理体系并对其有效性进行评价。 (四)决定合规管理部门设置及职责	《管理办法》在职责中明确"推动完善合规管理体系并对其有效性进行评估",但是缺乏具体的要求。ISO 37301 标准中的第9.1条、第9.2条和第9.3条共同构成了合规管理体系检查阶段的"三道防线"。第9.3条管理评审是治理机构和最高管理者基于全方位的信息收集对合规管理体系的全面评审和改进手段,而《管理办法》没有对应的条款要求,建议按照 ISO 37301 标准第9.3条的要求实施
9.3.2 管理评审输入	管理评审应包括： a)以往管理评审所采取措施的状况； b)与合规管理体系有关的外部和内部事项的变化； c)与合规管理体系有关的相关方需要和期望的变化； d)关于合规绩效的信息,包括以下方面的趋势： 1)不符合、不合规与纠正措施； 2)监视和测量的结果， 3)审核结果； e)持续改进的机会。 管理评审应体现： ——合规方针的充分性； ——合规团队的独立性； ——合规目标的达成度； ——资源的充分性； ——合规风险评估的充分性； ——现有控制和绩效指标的有效性； ——与提出疑虑的人员、相关方沟通,包括反馈(见9.1.2)和投诉； ——调查(见8.4)； ——报告机制的有效性		
9.3.3 管理评审结果	管理评审的结果应包括持续改进的机会,以及变更合规管理体系的任何需要的决定。文件化信息应作为管理评审结果证据可获取		

续表

条款	ISO 37301 标准	《管理办法》	存在的差异和整合的办法
10.1 持续改进	组织应持续改进合规管理体系的适宜性、充分性和有效性	第7条 中央企业党委(党组)发挥把方向、管大局、促落实的领导作用,推动合规要求在本企业得到严格遵循和落实,不断提升依法合规经营管理水平。 第8条 中央企业董事会发挥定战略、作决策、防风险作用,主要履行以下职责: (一)审议批准合规管理基本制度、体系建设方案和年度报告等。 (二)研究决定合规管理重大事项。 (三)推动完善合规管理体系并对其有效性进行评估	ISO 37301标准第10.1条是对组织持续改进的总体要求,《管理办法》明确了董事会在党委(党组)领导下推动合规管理的持续改进的职责,建议按照第10.1条的要求利用各种机会,采取各种措施有计划、分步骤推动持续改进,同时按照《管理办法》的要求实施
10.2 不符合与纠正措施	发生不符合或不合规时,组织应: a)对不符合或不合规做出反应,并且如适用: ——采取控制和纠正措施; ——处置后果; b)通过以下活动评价采取措施的需要,以消除产生不符合和/或不合规的原因,避免其再次发生或在其他地方发生: 1)评审不符合和/或不合规; 2)确定产生不符合和/或不合规的原因; 3)确定是否存在或可能发生类似的不符合和/或不合规。 c)实施任何所需的措施;	第23条 中央企业应当建立违规问题整改机制,通过健全规章制度、优化业务流程等,堵塞管理漏洞,提升依法合规经营管理水平	ISO 37301标准第10.2条是在出现不符合或不合规后对纠正和纠正措施的要求,比较系统;《管理办法》第23条是对纠正和纠正措施方式的具体要求,建议按照ISO 37301标准第10.2条的要求实施,满足《管理办法》的要求

续表

条款	ISO 37301 标准	《管理办法》	存在的差异和整合的办法
	d) 评审所采取的任何纠正措施的有效性； e) 如必要，变更合规管理体系。 纠正措施应与不符合和/或不合规产生的影响相适应。 文件化信息应作为以下事项的证据可获取： ——不符合和/或不合规的性质和所采取的任何后续措施； ——任何纠正措施的结果		

综上所述，《管理办法》对比 ISO 37301 标准整体的框架、原则和要求是相似的，《管理办法》结合央企的现状和特点，对合规管理体系的某些方面有更加清晰和具体的要求，如：组织架构、岗位职责和权限、合规文化建设、制度体系的建立、信息化建设、合规考核等，但是 ISO 37301 标准更加系统全面，《管理办法》相对缺少合规管理体系建设和有效运行的重要的内容和要求，如第 4.1 条内外部事项分析、第 4.2 条相关方需要和期望的识别、第 4.3 条合规管理体系范围的确定、第 4.4 条合规管理体系的总体要求、第 4.5 条合规义务的识别和更新、第 5.2 条合规方针的制定和管理、第 6.2 条合规的建立和目标实施方案的策划、第 6.3 条针对变更的策划、第 7.2 条重要岗位能力的要求确定以及对商业伙伴的培训、第 7.3 条合规意识的要求、第 7.4 条沟通的渠道和方法、第 7.5 条文件和记录的管理、第 8.4 条调查过程的管理、第 9.3 条治理机构和最高管理者对合规管理体系的评审和改进等，尤其是对合规义务识别的缺失让人很难理解。另外，对应 ISO 37301 标准其他一些条款的要求，《管理办法》也存在一些部分的缺失或者不足，如：缺少对外包方和第三方过程带来的合规风险的识别和管控的要求、制度体系与和合规风险评估结果、风险控制措施的关联性和逻辑关系不清晰。

合规管理体系建设不同于合规管理制度建设。按照 ISO 37301 标准，建立的合规管理体系是一个以合规义务为中心、基于风险、主动预防、持续改进的管理体系，标准要求企业根据内外部环境的变化动态识别更新合规义务、评估合规风险，并针对重大合规风险制定控制措施，并将合规义务要求和重大合规风险的控制措施，整合在企业的业务过程中和外包控制过程中，并对措施的有效性进行监视和测量，对发现不合规或不符合进行纠正或制定纠正措施,然后重新进行内外部环境分析开始新一轮的循环。因此,合规管理体系最重要的是拥有一个动态的、自我发现、自我完善的持续改进机制,不是若干的合规管理制度。

同时,作为全球公认的合规管理体系国际标准,按照 ISO 37301 标准的要求建立合规管理体系并通过第三方的认证,为中国企业在面临监管机构处罚时提供有力的抗辩证据,以达到尽职免责的目的。

以上这些并不代表《管理办法》存在很大问题,应该从 ISO 37301 标准和《管理办法》的属性、目的和定位不同来理解两者的差异。《管理办法》是监管机构制定的针对央企合规管理体系建设的监管要求,不满足《管理办法》的要求就是不合规,而"标准"是帮助企业建立和改进合规管理体系的理论和最佳实践,也是认证的依据,适合于所有类型的组织,所以《管理办法》只是从监管的角度,对合规管理的重点活动或结果的基本要求,并不追求对合规管理体系要求的全面性和逻辑关系的严谨性,因此,我们建议央企不应该完全基于《管理办法》的要求建立和运行合规管理体系,而是参照上表的说明,以 ISO 37301 为基础建立有效的合规管理体系,同时考虑《管理办法》的要求,这样不但能达到国资委所要求的"建立健全合规管理体系"的目的,而且能够提升合规管理的有效性和效率,并为央企在海外市场竞争中提供保障。

附录三

合规与风控、审计和法务之间的关系

当前,美国有关部门针对中兴通讯和华为公司的合规问题对两家公司进行严厉的制裁,使得合规管理的重要性受到举国上下的高度关注。"为推动中央企业全面加强合规管理,加快提升依法合规经营管理水平,着力打造法治央企,保障企业持续健康发展",2018 年 11 月 2 日国资委下发了《合规指引》。《合规指引》第 4 条明确提出中央企业应当加快建立健全合规管理体系,并在第 10 条提出"法律事务机构或其他机构为合规管理牵头部门",在第 11 条提出"监察、审计、法律、内控、风险管理、安全生产、质量环保等相关部门,在职权范围内履行合规管理职责。"2022 年 8 月 23 日,国务院国资委发布《管理办法》,明确了合规管理的组织架构、岗位和职责,要求设立合规委员会、首席合规官、合规管理牵头部门。目前大部分央企已经按照国资委和财政部的相关文件要求建立了全面风险管理体系、内控体系,并且成立了单独的或者合并的风控、审计、财务、法务部门,履行与合规相关的部分职能,如果再明确设立合规管理相关部门和岗位,很多人就会提出疑问:现有的全面风险管理体系和内控体系与合规管理体系之间是什么关系?如何整合?合规管理职能和现有的风控、审计、法务之间的职责如何划分?《管理办法》第 26 条明确提出"中央企业应当结合实际建立健全合规管理与法务管理、内部控制、风险管理等协同运作机制,加强统筹协调,避免交叉重复,提高管理效能。"上述问题是律师在给央企提供合规管理体系培训和咨询服务的过程中被经常问到的,本文针对以上这些问题进行了研究分析,希望能给央企贯彻《管理办法》,建立合规管理体系提供参考。

一 合规管理体系与全面风险管理体系、内控体系的关系

在说明这三个体系之间的关系之前,要先了解央企建立这三个体系的背景。关于为什么要建立合规管理体系,本文已在前面进行了说明。而央企建立全面风险管理体系是因为国资委"为指导国务院国有资产监督管理委员会(以下简称国资委)履行出资人职责的企业(以下简称中央企业)开展全面风险管理工作,增强企业竞争力,提高投资回报,促进企业持续、健康、稳定发展",在2006年6月6日印发《中央企业全面风险管理指引》(国资发改革[2006]108号)(以下简称《风险指引》),其中第4条提出建立全面风险管理体系。而央企建立内控体系是因为2008年5月22日财政部"为了加强和规范企业内部控制,提高企业经营管理水平和风险防范能力,促进企业可持续发展,维护社会主义市场经济秩序和社会公众利益",会同证监会、审计署、原银监会、原保监会制定了《企业内部控制基本规范》(以下简称《内控规范》),提出了建设内控体系的要求。

从《风险指引》的内容和要求可以看出《风险指引》实际上是参考了国际上关于风险管理的一些标准、法规、管理理念和最佳实践,该指引明确"本指引所称全面风险管理,指企业围绕总体经营目标,通过在企业管理的各个环节和经营过程中执行风险管理的基本流程,培育良好的风险管理文化,建立健全全面风险管理体系"。全面风险管理体系覆盖了企业管理的各个方面、各个层次和各个过程存在的风险。

而《内控规范》明确"内部控制的目标是合理保证企业经营管理合法合规、资产安全、财务报告及相关信息真实完整,提高经营效率和效果,促进企业实现发展战略。"《内控规范》第20条提出"企业应当根据设定的控制目标,全面系统持续地收集相关信息,结合实际情况,及时进行风险评估。"

从规范的内容和要求可以看出,财政部要求的这个内控体系也是建立在风险管控的基础上,主要针对的是合规风险、资产管理风险从财务的角度对内部控制和财务报告的真实性和完整性提出了具体要求,和国资委要求的全面风险管理体系本身很多要求是一致的,体系存在相当一部分重叠。

关于合规管理体系,《管理办法》给出合规管理的定义:"本办法所称合规管理,是指以有效防控合规风险为目的,以提升依法合规经营管理水平为导向,以企业经营管

理行为和员工履职行为为对象,开展的包括建立合规制度、完善运行机制、培育合规文化、强化监督问责等有组织、有计划的管理活动。"从中可以看出合规管理体系只是针对的企业的合规风险,围绕合规义务和合规风险建立的管理体系。

除了合规管理体系外,很多央企已经建立了众多的其他管理体系,如质量管理体系、环境管理体系、职业健康安全管理体系、信息安全管理体系、能源管理体系等,这些管理体系也都是建立在风险管控的基础上的,如质量管理体系管控质量风险、环境管理体系管控环境风险等,同时考虑到质量管理、环境管理、安全管理、信息安全管理、能源管理等的特点、管理原则和最佳实践,并且融合了ISO的管理体系方法。

实际上风险管控是融入到各个管理体系当中的,是其不可分割的一部分,而各个管理体系在风险管理管控的基础上又有各自更加具体的要求。风控体系本身关注的其中一个重点领域就是合规风险,而风控体系和全面风险管理体系的很多要求是一致的,因此我们说全面风险管理体系、内控体系和合规管理体系之间存在紧密的联系。为了管理的有效性和效率,我们应将全面风险管理体系、内控体系、合规管理体系与其他管理体系整合。

二 合规管理体系与其他管理体系的整合

管理体系整合不是简单的对文件的整合,而应该作为真正的一体化的管理体系运行。如图6所示,建立一体化管理体系要首先识别企业的内外部环境和相关方的需求、识别企业外部的机会和威胁、企业自身的优势劣势,从而有针对性地制定企业的战略目标,使企业得到更好地发展;接着进行风险的识别分析和评价。各管理体系可以分别进行风险识别、分析,然后统一进行评价,找出企业需要控制的重大风险,然后制定措施进行控制。

将风险的识别分析和评价作为各个管理体系策划的基础,各职能部门可以分别对各自分管的管理体系进行策划。但是各管理体系的要求和风险的应对措施要整合进入企业的各业务过程,并将各岗位涉及的管理体系要求整合进入企业统一的岗位职责,再根据职责确定新的能力要求。同时将各管理体系制定的目标整合进入企业的绩效考核,并根据重要程度不同考虑确定不同的权重。

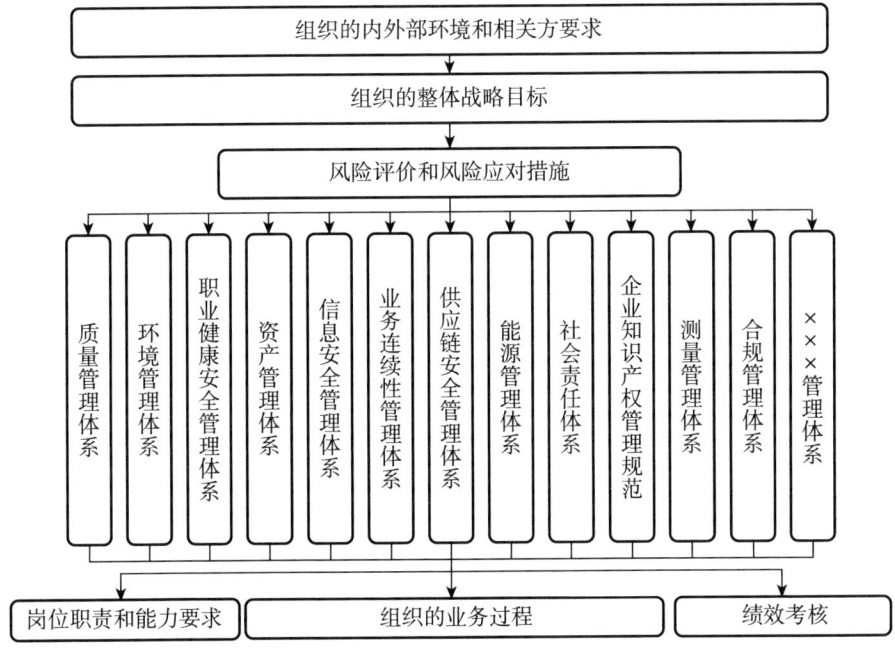

图6 管理体系整合的思路和方法

三 划分合规管理职能和现有的风控、审计、法务之间的职责

《管理办法》的第11条规定"中央企业设立合规委员会,可以与法治建设领导机构等合署办公,统筹协调合规管理工作,定期召开会议,研究解决重点难点问题"。第14条规定"中央企业合规管理部门牵头负责本企业合规管理工作,主要履行以下职责:(一)组织起草合规管理基本制度、具体制度、年度计划和工作报告等。(二)负责规章制度、经济合同、重大决策合规审查。(三)组织开展合规风险识别、预警和应对处置,根据董事会授权开展合规管理体系有效性评价。(四)受理职责范围内的违规举报,提出分类处置意见,组织或者参与对违规行为的调查。(五)组织或者协助业务及职能部门开展合规培训,受理合规咨询,推进合规管理信息化建设。中央企业应当配备与经营规模、业务范围、风险水平相适应的专职合规管理人员,加强业务培训,提升专业化水平。"并没有明确规定哪个部门作为合规管理牵头部门。

《风险指引》第39条明确"企业风险管理职能部门应定期对各部门和业务单位风

险管理工作实施情况和有效性进行检查和检验，要根据本指引第三十条要求对风险管理策略进行评估，对跨部门和业务单位的风险管理解决方案进行评价，提出调整或改进建议，出具评价和建议报告，及时报送企业总经理或其委托分管风险管理工作的高级管理人员。"

《内控规范》第15条明确提出"内部审计机构应当结合内部审计监督，对内部控制的有效性进行监督检查。内部审计机构对监督检查中发现的内部控制缺陷，应当按照企业内部审计工作程序进行报告；对监督检查中发现的内部控制重大缺陷，有权直接向董事会及其审计委员会、监事会报告。"

而企业的法务部门通常负责：参与决策，为企业的经营、管理决策提供法律上的可行性、合法性分析和法律风险分析；参与企业重大经济活动的谈判工作，提出减少或避免法律风险的措施和法律意见；审查、修改、会签经济合同、协议，协助和督促企业对重大经济合同、协议的履行；解决已发生的法律问题等。

从上述《管理办法》《风险指引》和《内控规范》对合规管理、风险管控、内部审计的职责的要求以及企业通常赋予法务部门的职责来看，这些职能之间存在一些交叉。为了对它们职责进行区分，可以把它们放在整合后的一体化管理体系中进行说明。结合图6管理体系整合的思路和方法，我们认为包括风控部门在内的各职能部门应参与到企业内外部环境的分析和企业战略目标的制定，而风控部门可以作为牵头部门。风控部门负责组织风险评价工作，制定统一的评价方法和准则，由其他各职能部门，如：质量部、环保部、安全部、IT部、合规部、研发部、人力资源部、法务部、财务部等组织完成对企业相关职能管理方面存在的风险的识别和分析，其中合规部负责所有合规风险的识别和分析，而法务部负责合规风险当中法律法规方面的风险的识别和分析，所有的风险由风控部门汇总进行统一评价，形成企业整体的重大风险清单，然后由各职能部门组织制定分管范围内重大风险的应对措施，由风控部门将措施汇总组织讨论评审后，提交领导层批准，然后风控部门组织各相关部门落实，并围绕重大风险和风险控制措施实施的有效性制定相关层级、部门和岗位的目标。各职能部门围绕各分管范围内的重大风险管控效果和风险控制措施有效性，策划各分管范围内监督检查和内部审计的计划，明确监督检查和内部审计的项目、责任部门、方法、完成频次和时间等，其中重要的或者法规要求的监督检查和审计工作交审计部实施，其他一些监督检查工作由其他相关职能部门实施，各职能部门根据监督检查的情况和审计发现的问题督促各部门制定措施。

从上面的分析可以看出，总体上，风控部门是风险综合管理部门，合规部是合规风险的管理部门，法务部负责合规风险中法律法规风险的管控和一些法律实务工作，审计部负责重大风险管控措施、重要法律法规和内部管理制度落实的监督检查工作。

附录四

通用领域国际合规义务概述

对于企业而言,尤其是对很多有海外业务的企业而言,面对的合规义务非常广泛,并且面临的合规风险也很高,如何全面准确识别合规义务非常困难。为了让各位读者能够更全面地了解国际主要的法律法规,特对通用领域主要的法律法规进行了收集、整理和节选,仅供参考。(如表40所示)

表40 通用领域国际合规义务概述表

合规要素属性	合规要素一级	合规要素二级	主要合规义务	主要合规规则/依据
公司治理合规要素	治理合规	治理层规范运行	(1)公司治理健全、有效、透明。 (2)根据所在地法律和监管要求建立治理架构,特别应当注意,多数国家公司法要求公司治理以董事会为中心,并对董事责任具有严格规范要求。 (3)满足对所在地法律关于董事会成员多样化的要求,特别关注独立董事占比要求。 (4)满足所在地法律关于董事会本地化比例要求。 (5)董事会召开和议事常态化,监事会按照法律规定和监管要求召开和议事。 (6)治理架构各机构(独立董事、薪酬委员会、合规委员会、审计委员会等)开展实体化运作,明确其职责,赋予匹配的权力和资源,为其履职提供条件。 (7)避免滥用大股东和实际控制人地位,超越权限更改董事会的决定。 (8)避免股东与公司之间发生关联交易,禁止开展偏离市场价格、虚增销售收入等违法关联交易。 (9)保护全体股东合法权利的行使,平等对待全体股东,在股东权利受侵犯时,确保所有股东均有机会获得有效救济。 (10)在公司治理活动中,关注和有效保护少数股东、公众股东、员工、债权人、客户、供应商等利益相	《OECD公司治理原则》 《OECD国有企业公司治理指引》

续表

合规要素属性	合规要素一级	合规要素二级	主要合规义务	主要合规规则/依据
			关者的合法权益。 (11)按照法律规定和监管要求及时、准确地申报、披露公司信息,包括财务状况、绩效、所有权变动、公司治理结构变动情况。 (12)建立和推广合规文化,对合规管理工作给予有效支持	
		治理层合规职责	(1)董事会、监事会、高级管理人员等治理层人员履行职责时,应当以公司总体利益/全体股东利益为服务对象,避免因与多数股东之间的关联关系,不公平对待任何股东。禁止侵害公司股东的合法权益。 (2)治理层人员应当履行对公司和全体股东的忠实和勤勉义务。 (3)治理层人员应当维持与履职有关的资格、资历和执业能力,在议事、决策时应当进行客观、独立判断。 (4)治理层人员不得与公司之间发生竞业等任何形式的利益冲突,不得未经法定程序与公司进行交易,不得谋取属于公司的商业机会和利益。 (5)治理层人员应对公司与股东之间的利益冲突承担管理责任。 (6)治理层应当建立董事、高管提名和选举流程的制度,并确保公平公正和透明。 (7)治理层人员在制订绩效考核、股权激励、薪酬计划时,应当诚实守信,遵循市场规则并与公司的自身情况相适应,保证计划与公司和全体股东的长期利益保持一致。 (8)治理层人员应当关注和充分了解公司的经营情况,以积极参与董事会、监事会等会议,积极参与议事和其他形式尽责履职。 (9)治理层人员的任何履职行为均应基于善意,在决策、履职时,确保决定、决策对所有股东的公平。 (10)治理层人员应当促使公司遵守商业道德和各种合规要求,充分考虑少数股东、公众股东、员工、债权人、客户、供应商等利益相关者的利益。 (11)治理层人员应对公司及时、准确对外进行信息披露承担个人责任。 (12)治理层人员应当确保公司会计和财务报告的真实性、准确性。	

续表

合规要素属性	合规要素一级	合规要素二级	主要合规义务	主要合规规则/依据
			(13)治理层人员应当履行自身合规义务,并有效支持公司合规、内控管理系统的建立、运行和改进。 (14)在公司发生经营风险时,治理层人员应当及时进行商业决策,避免公司发生重大损失,并向监管机构进行适当通报报告。 (15)在公司涉及清理、清算、破产、解散情形时,治理层人员应当负责保护公司财产,按照监管要求、法律规定和公平对待全体债权人的原则履行清算义务。 (16)董事会应当履行审议制定公司经营战略和重要的行动规划、建立风险管理制度和流程、开展年度预算和商业计划、设定绩效目标并监督实施、审查重要的资本运作、遴选关键管理人员等关键职责。 (17)治理层人员应当根据监管要求和公司的实际情况,适时设立员工董事代表机制,保障员工董事的知情权行使和独立性	
		信息披露	(1)公众公司和非公众公司均应履行信息披露义务。 (2)查明公司所在国(地区)和证券发行、交易所在国(地区)的法律和证券监管规则关于信息披露的要求,信息披露的频次、披露的方式、具体信息和形式标准等。 (3)按照前述要求履行信息披露义务,不得对法定信息披露内容设置前置审批程序。 (4)披露内容应当包括财务状况、经营情况、关联交易、重大事项、所有权变动和公司治理变动以及任何其他可能对股价变动和投资者利益产生重要影响的信息。 (5)所披露的信息应当真实、准确、清晰、无误导性。 (6)披露信息应当符合法律和监管要求规定的时限,法律和监管要求没有规定时限的,应当尽早披露。 (7)所披露的信息应当同时向所有投资者披露,确保所有投资者得到平等对待。 (8)自愿信息披露应当准确、适当,预测类信息披露应当遵循保守原则,以显著语言和方式明确信息披露的主观性。 (9)约束董事、高级管理人员在研讨会、采访、论坛、社交媒体对外发布信息的行为,避免违反监管要求	《OECD公司治理原则》

续表

合规要素属性	合规要素一级	合规要素二级	主要合规义务	主要合规规则/依据
		关联方及关联交易	(1)查明公司所在国(地区)和业务所涉国(地区)法律规定,明确关联方范围,制定关联交易管理制度和决策标准。 (2)严格限制关联交易的发生,对所有关联交易的必要性进行审核,除必要外,不开展关联交易。 (3)禁止公司治理层、管理层人员与公司开展关联交易。 (4)禁止虚增销售收入、转移利润、输送利益等违法或损害少数股东利益的关联交易。 (5)确有必要的关联交易、价格和其他商务条件应当公允、符合市场标准,不得对关联方给予不合理的优惠待遇。 (6)所有关联交易都应当有真实的交易背景,交易模式应当符合规范。 (7)依照法律规定和监管要求披露关联交易情况	《OECD公司治理原则》
		国有企业特殊要求	(1)建立董事会并严格按照公司章程开展治理活动。 (2)在任何可行时,引进独立董事、员工董事等,促进董事会多元化。 (3)董事会成员应当专注于公司经营,具备与公司业务相应的资历和资质,促进董事会的专业性。 (4)设定董事会的受托责任和经营目标,包括财务指标、资本结构目标和风险承受水平,并监督实施。 (5)建立报告制度,股东对国有企业的绩效进行定期监督、审计和评估,并对其是否遵守相关公司治理标准进行监督。 (6)制订信息披露政策,规定应当公开披露的信息范围、适当的披露渠道以及确保信息质量的机制。 (7)与外部审计机构和国家监察机构保持良好沟通。 (8)平等保护非国有股东的合法权益和参与公司治理的机会	《OECD国有企业公司治理指引》

续表

合规要素属性	合规要素一级	合规要素二级	主要合规义务	主要合规规则/依据
通用合规要素	诚信与道德合规	利益冲突	(1)董事、监事和管理人员应当服务于公司、全体股东的利益,不得利用其职务,获取个人利益。 (2)在制订薪资、津贴等政策时,董事、监事和管理人员应当遵循市场原则,并充分考虑公司的经营状况。 (3)公司成员不得与公司进行交易。 (4)公司成员不得窃取公司的商业机会。 (5)公司成员不得实施内幕交易。 (6)每一董事、监事和管理人员均应独立判断,不得不当影响他人的议事意见,也不应无原则附和他人意见。 (7)董事、监事、管理人员不得因其系某一股东委派,而在行使职权时,为委派其股东的利益损害公司的利益。 (8)董事、监事和管理人员对现实和潜在的利益冲突均应加以管控	《OECD公司治理原则》 《世界银行诚信与合规指南》 《OECD公共管理部门利益冲突指引》
		反腐败反贿赂（反舞弊）	(1)公司应当制订完善的反腐败、反贿赂制度。 (2)公司成员不得侵占、挪用公司的财产。 (3)公司成员不得窃取公司的商业机会。 (4)公司成员不得利用职权索取或收受商业合作伙伴财物,为自己或他人牟取不当利益。 (5)公司成员不得收取公司其他成员,包括其下属或者请托人员的财物。 (6)公司(并应当约束其成员)不得向公职人员许诺、提议给予或者实际给予财物、财产性利益和其他利益。 (7)公司(并应当约束其成员)不得向商业合作伙伴等非公职人员承诺给予或给予财物、财产性利益、其他利益。 (8)公司不得委托中介机构、居间机构、代理机构等商业合作伙伴实施贿赂行为,对提供的中介、居间和代理服务应当公允定价,不得超出市场价格定价	《联合国反腐败公约》 《OECD反腐败道德与合规手册》 《关于打击国际商业交易中贿赂外国公职人员行为公约》 《北京反腐败宣言》 《防止和打击腐败公约》 《反腐败刑法公约》 《反腐败民法公约》 《国际商会关于打击腐败的规则》 《世界银行集团诚信合规指南》 美国:《反海外腐败法案》 英国:《反贿赂法》

续表

合规要素属性	合规要素一级	合规要素二级	主要合规义务	主要合规规则/依据
		捐赠与赞助	(1)了解公司所在国(地区)和业务所涉国(地区)有关捐赠与赞助的法律规定,所有捐赠和赞助均应进行合规审查。 (2)不得以逃避税收、变更财务数据为目的实施捐赠和赞助。 (3)采取一切可能的措施,促使捐赠和赞助非商业化,不得利用捐赠和赞助进行商业营销宣传。 (4)非必要,不实施政治捐献。 (5)依法依规公开披露所有的政治、非政治捐赠和赞助信息。 (6)不得以捐赠和赞助为名,实施贿赂行为。 (7)采取措施避免潜在的利益冲突。 (8)确保捐款与赞助的受益人不行使影响公司业务开展和正当权利行使	《世界银行诚信合规指南》
		商务接待政策	(1)制订礼品和商务接待政策,明确礼品和商务接待标准。 (2)禁止超出标准金额的礼品馈赠和商务接待,对礼品和商务接待的频次、内容加以管控。 (3)任何情况下,礼品和商务接待不应影响本公司和交易对手的正当商业判断。 (4)对财务报销等实施严格控制,禁止报销超出标准的礼品和商务接待费用	《世界银行诚信合规指南》
		诚实信用	(1)不得实施欺诈、腐败、共谋和强迫等失信行为,并制定相关的防控措施。 (2)及时、如实告知相对方与合同签订或履行有关的重要事实和情况。 (3)不得假借订立合同恶意进行磋商。 (4)不得通过损害他人或社会公共利益的方式获得利益	《世界银行诚信合规指南》 《联合国国际货物销售合同公约》

续表

合规要素属性	合规要素一级	合规要素二级	主要合规义务	主要合规规则/依据
专项合规要素	贸易合规	贸易（出口）管制	(1) 遵守业务所涉国（地区）关于出口管制的法律、法规和政策。 (2) 遵守中国关于出口管制的法律、法规和政策。 (3) 遵守国际公约关于核不扩散、禁止化学武器交易、限制常规武器贸易等相关规定。 (4) 查明和遵守业务所涉国（地区）、中国、进出口产品途经国、目的地有关军民两用物资的规定，限制两用物资被不当用于军事目的。 (5) 遵守出口管制中，关于对特定国家禁运、禁止出口等规定和规范，实施目的国/目的地筛查。 (6) 遵守出口管制中，关于军品最终用户管理的相关规定，对销售链进行适当管控。 (7) 对供应链实施适当管控，采取合理手段开展产品溯源工作。 (8) 对商业合作伙伴开展出口管制合规管理工作	《世界银行诚信合规指南》 联合国：《不扩散核武器条约》 《化学武器公约》 《生物和毒素武器公约》 《武器贸易条约》 欧盟《两用物项条例》 美国：《出口管理法》 中国：《出口管制法》
		反制裁	(1) 遵守《阻断外国法律与措施不当域外适用管理办法》的规定，不得承认、执行、遵守已被中国商务主管部门认定为存在"不当域外适用"的外国法律与措施。 (2) 需要承认、遵守或执行禁令中域外法律或措施的，应当事先向商务部申请豁免。 (3) 遵守中国和境外业务所涉国（地区）经济制裁和阻断制裁的规定	联合国、欧盟、美国等国家或跨国组织颁布、执行的经济制裁计划 中国：《阻断外国法律与措施不当域外适用管理办法》
		反倾销与反补贴	(1) 查明境外业务所涉国（地区）对倾销、不当补贴的认定标准和处罚规定，对出口销售产品的数量、价格以及对出口国相关产业的影响进行合理的控制。 (2) 建立市场化的价格形成机制。 (3) 保证价格形成财务资料、凭证的可溯源性	WTO：《关税与贸易总协定——反倾销守则》 德国：《反不公平竞争法》 业务在国（地区）所颁布的反倾销法律和行政法规 WTO：《关税与贸易总协定——反补贴守则》 《补贴与反补贴协议》 业务所涉国（地区）所颁布的反补贴法律和行政法规

续表

合规要素属性	合规要素一级	合规要素二级	主要合规义务	主要合规规则/依据
竞争合规		不侵犯他人知识产权	(1)尊重他人的知识产权,包括专利权、著作权、商标权、商业秘密以及当地法律认可的智力活动成果,未经知识产权权利人同意或法律允许的情况下,不得擅自使用他人的知识产权。 (2)在相关业务开展前,对公司所在国(地区)和业务所涉国(地区)相关知识产权进行必要的检索,避免侵犯他人知识产权。 (3)禁止恶意抢注他人知识产权。 (4)禁止故意侵犯他人的知识产权。 (5)遵守各类交易文件中关于知识产权的约定。 (6)不得引诱、唆使他人侵犯知识产权。 (7)不得以获取他人商业秘密为目的,雇佣竞争对手的人员。 (8)在业务活动中接触到的他人知识产权,应当在权利人同意的范围内使用,并依据双方约定给予必要的保护或保密等措施	世界贸易组织: 《与贸易有关的知识产权协议》 《保护工业产权巴黎公约》 《建立世界知识产权组织公约》 《世界版权公约》 《保护文学艺术作品伯尔尼公约》 《与贸易有关的知识产权协议》 《欧共体商标条例》 《欧洲专利公约》 德国: 《专利法》 《实用新型法》 《外观设计法》 《商标和其他标记保护法》 《著作权法》 美国: 《版权法》 《专利法》 《商标法》 《联邦商标淡化法》
		反垄断	(1)明确界定公司所在的业务市场,对相关市场的竞争情况予以适时关注。 (2)查明业务所涉国(地区)关于市场份额和拆分的有关规定,对公司的市场份额进行严格控制。 (3)禁止滥用或者谋取和滥用市场力量的支配地位。禁止与其他经营者达成共同抵制其他竞争者的协议。 (4)禁止与其他经营者达成旨在排除、限制竞争的协议、决定或者其他协同行为等垄断协议,无论是书面的还是非书面的,明示的或者默示的。 (5)禁止与具有竞争关系的经营者之间达成旨在排除限制相互竞争的协议。禁止固定或者变更商品价	《多边协议的管制限制性商业惯例的公平原则和规则》

续表

合规要素属性	合规要素一级	合规要素二级	主要合规义务	主要合规规则/依据
			格,限制商品的生产数量或者销售数量,分割销售市场或者原材料采购市场,限制购买新技术、新设备或者限制开发新技术、新产品,限制进入市场或以其他方式不适当地限制竞争。 (6)禁止达成纵向垄断协议,对竞争造成排除、限制等影响和作用,禁止在代理协议、买卖协议中固定向第三人转售商品的价格,禁止限定向第三人转售商品的最低价格。 (7)禁止滥用市场支配地位。禁止以不公平的高价销售商品或者以不公平的低价购买商品;禁止没有正当理由,以低于成本的价格销售商品;禁止没有正当理由,拒绝与交易相对人进行交易;禁止没有正当理由,限定交易相对人只能与其进行交易或者只能与其指定的经营者进行交易;禁止没有正当理由搭售商品,或者在交易时附加其他不合理的交易条件;禁止没有正当理由,对条件相同的交易相对人在交易价格等交易条件上实行差别待遇。 (8)禁止具有或者可能具有排除、限制竞争效果的经营者集中。对与其他竞争对手、产业链上下游的合并、并购行为进行反垄断合规管理;不得通过协议安排达到经营者集中效果,损害竞争	
		不妨碍技术进步	(1)依照公司所在国(地区)和业务所涉国(地区)对技术合同的法律规定和监管要求,开展技术研发、转让、许可等活动。 (2)不得利用专有技术持有人的身份,限制、禁止或其他非法垄断的方式,阻碍他人以合法方式对专有技术的改进开展研究、生产活动。 (3)不得限制他人在合同标的技术基础上进行新的研究开发或者限制其使用所改进的技术,或者对双方交换改进技术的条件设置不平等条件,包括要求一方将其自行改进的技术无偿提供给对方、非互惠性转让给对方、无偿独占或者共享该改进技术的知识产权。 (4)不得限制他人从其他来源获得与技术提供方类似技术或者与其竞争的技术。 (5)不得阻碍合同对方根据市场需求,按照合理方式充分实施合同标的技术,包括明显不合理的限制技术接受方实施合同标的技术生产产品或者提供服	《国际技术转移行动守则》

续表

合规要素属性	合规要素一级	合规要素二级	主要合规义务	主要合规规则/依据
			务的数量、品种、价格、销售渠道和出口市场。 (6)不得要求技术接受方接受并非实施技术必不可少的附带条件,包括购买非必需的技术、原材料、产品、设备、服务以及接收非必需的人员等。 (7)不得不合理地限制技术接受方购买原材料、零部件、产品或者设备等的渠道或者来源。 (8)不得禁止技术接受方对合同标的技术知识产权的有效性提出异议或者对提出异议附加条件	
		招标管理	(1)不得实施腐败、欺诈与胁迫、串通与妨害公平竞争的行为。 (2)作为招标方,按照公司所在国(地区)和业务所涉国(地区)的招投标规定,公开、公平、公正地开展招标活动,合理设置招标流程和招标要求。 (3)作为招标方,应当履行必要的审批手续;落实资金或者资金来源,并在招标文件中载明。 (4)不得以不合理的条件限制或者排斥潜在投标人。 (5)不得对潜在投标人实行歧视待遇。 (6)不得强制投标人组成联合体共同投标,不得限制投标人之间的竞争。 (7)在确定中标人前,招标人不得与投标人就投标价格、投标方案等实质性内容进行谈判。 (8)招标人不得向他人透露已获取招标文件的潜在投标人的名称、数量以及可能影响公平竞争的有关招标投标的其他情况。 (9)设有标底的,标底必须保密	《OECD理事会关于公共采购的建议》 《打击公共采购领域中串通投标之指导方针》 《关于打击串通投标的建议》 《竞争和采购》 《OECD关于加强公共采购廉洁性的建议》
		投标管理	(1)不得实施腐败、欺诈与胁迫、串通与妨害公平竞争的行为。 (2)作为投标方,应当依照招标流程和要求,诚实守信地实施投标活动。 (3)在投标活动中,应当提供真实的资信、业绩等资料。提供子公司、关联公司业绩的,应当以显著方式做出特别说明。 (4)在投标活动中,根据招标文件载明的项目实际情况,拟在中标后将中标项目的部分非主体、非关键性工作进行分包的,应当在投标文件中载明。	《打击公共采购领域中串通投标之指导方针》 《关于打击串通投标的建议》

续表

合规要素属性	合规要素一级	合规要素二级	主要合规义务	主要合规规则/依据
			(5)投标人不得相互串通投标报价,不得排挤其他投标人的公平竞争,损害招标人或者其他投标人的合法权益。 (6)投标人不得与招标人串通投标,损害公共利益或者他人的合法权益。 (7)禁止投标人以向招标人或者评标委员会成员行贿的手段谋取中标。 (8)投标人不得以低于成本的报价竞标,也不得以他人名义投标或者以其他方式弄虚作假,骗取中标。 (9)投标人对投标文件中含义不明确的内容作必要的澄清或者说明时,不得超出投标文件的范围或者改变投标文件的实质性内容。 (10)中标后,按照合同约定履行义务,完成中标项目。中标人不得向他人转让中标项目,也不得将中标项目肢解后分别向他人转让。 (11)中标后,将中标项目的部分非主体、非关键性工作分包给他人完成的,应当审核分包商相应的资格条件,对其进行合规管理,严格限制再次分包行为	
	投资合规	市场准入与国家安全审查	(1)在境外投资项目实施前,了解拟投资项目所在国(地区)对外商投资禁止、许可或限制进入的行业,以及对国家安全审查的法律和监管要求。 (2)投资事项属于禁止准入的,应停止该投资项目的策划。 (3)投资事项属于许可或限制准入的,进一步了解资格的要求和程序、技术标准和许可要求等,依照法律和监管要求,设计投资方案,办理必要的审核、备案、许可手续。 (4)依照规定主动向国家安全审查部门申报,积极配合审查工作,并根据审查结论和公司对监管部门的承诺,制定并执行投资项目实施方案。禁止采用任何方式规避关于市场准入的规定	《欧盟外商投资审查条例》

续表

合规要素属性	合规要素一级	合规要素二级	主要合规义务	主要合规规则/依据
财务合规		外汇管理	(1)严格遵循国家外汇管制的有关规定。 (2)严格区分外汇资本性支出和贸易性支出规范,严禁将贸易性支出用于资本性支出目的。 (3)在境外开展任何业务活动前,应了解公司所在国(地区)和业务所涉国(地区)外汇管制的法律和监管要求,做好外汇筹资、交易、管理等筹划和风险防控措施。 (4)依照公司所在国和业务所涉国(地区)财务管理规定,做好建立外汇会计台账等财务规范工作	巴西:《外汇管理办法》 中国:《外汇管理条例》 国家外汇管理局:《关于国有企业境外期货套期保值业务外汇管理有关问题的通知》
		反洗钱	(1)禁止实施任何形式的洗钱行为。 (2)根据公司所在国(地区)和业务所涉国(地区)对反洗钱的法律规定和监管要求,结合公司业务和管理流程,识别相关风险,做好风险防控。 (3)规范公司账户使用和资金支付,严禁借用公司账户,妥善保存财务记录、客户信息等相关资料。 (4)积极配合银行等反洗钱监管部门的日常监管和调查工作,及时提供需要的信息。 (5)发现涉嫌洗钱等违规违法行为的,应立即向有关监管部门报告,并配合调查	《反洗钱、反恐怖融资和防扩散融资国际标准》(反洗钱金融行动特别工作组新40项建议)
		反恐怖融资	(1)禁止为恐怖组织提供任何形式的融资或融资便利。 (2)根据公司所在国(地区)和业务所涉国(地区)对反恐怖融资的法律规定和监管要求,规范公司借款、筹资、账户使用和资金支付等,对付款客户进行必要的尽职调查,保存好财务记录、客户信息等相关资料。 (3)积极配合银行等反恐怖融资监管部门的监管和调查工作,及时提供需要的信息。 (4)发现涉嫌恐怖融资等违规违法行为的,应立即向有关监管部门报告,并配合调查	《反洗钱、反恐怖融资和防扩散融资国际标准》(反洗钱金融行动特别工作组新40项建议) 《联合国制止向恐怖主义提供资助的国际公约》 《反恐怖融资公约》

续表

合规要素属性	合规要素一级	合规要素二级	主要合规义务	主要合规规则/依据
		财务税收	(1) 查明公司所在国(地区)和境外业务所涉国(地区)的财务、税收法律规定和监管要求。 (2) 按照国际通行会计准则,及时检查并更新公司的财务制度。 (3) 按照国际通行会计准则制备财务凭证,进行账目管理。 (4) 保证财务报告的真实、准确和完整性。 (5) 对公司境内外所有收入如实报告,依法纳税。 (6) 对公司员工劳动报酬、股东分红、股权转让等代扣代缴事项,依法履行代扣代缴义务。 (7) 依法保留财务资料,配合财务和税务监管部门的调查、检查工作	《国际财务报告准则》 《国际会计准则》
	生产经营合规	劳工权利保护	(1) 按照国际劳工组织的要求,允许劳动者结社自由和有效承认集体谈判权利。 (2) 禁止一切形式的强迫劳动,禁止使用童工。 (3) 禁止就业与职业歧视,特别关注禁止基于宗教、民族、种族、性别、性取向、地域的职业歧视。 (4) 制订反职场骚扰规范并有效执行。 (5) 保障公司全体成员公平就业权、同工同酬权、休息休假权、劳动保护权、职业培训权、社会保险权、提起劳动争议处理权、组织参与工会权等各项权利	《联合国人权宣言》 国际劳工组织: 《国际劳工组织的公约和建议书》 《工作中的基本原则和权利宣言》 《凡尔赛条约》 《马斯特里赫特条约》 《同工同酬公约》 《最低就业年龄公约》 《禁止童工劳动公约》 《就业和职业歧视公约》 《国际劳工组织—反强迫劳动特别行动计划》 《国际劳工组织—强迫劳动指标》 法国:《劳动法典》 美国:《国家劳资关系法》 《雇佣法》 德国:《劳动就业法》 《薪资继续支付法》 《最低工资法》

续表

合规要素属性	合规要素一级	合规要素二级	主要合规义务	主要合规规则/依据
		环境保护	(1)严格遵循有利于节约资源、保护生态环境的绿色原则,在所有的经营生产活动中,防止、减少环境污染和生态破坏。 (2)关注碳排放相关国际规则,履行能源行业所负有的节能减排义务,坚持清洁能源的研发与推广。 (3)加强对公司成员环境保护意识的培育。 (4)符合国际组织、业务所涉国(地区)关于环境保护的要求	《巴黎协定》 《控制危险废物越境公约》 《联合国气候变化框架公约》 《联合国海洋公约》 《控制危险废物越境转移及其处置巴塞尔公约》 《维也纳保护臭氧层公约》 《鹿特丹公约》 《国际油污防备、反应和合作公约》 《设立国际油污损害赔偿基金国际公约》 《关于持久性有机污染物的斯德哥尔摩公约》 《生物多样性公约》 《生物安全协定书》 《卡塔赫纳生物安全协定书》 业务所涉国(地区)环境保护法律以及监管措施
		安全生产	(1)将工作环境中的危险因素减少到最低限度,以预防来源于工作、与工作有关,或在工作过程中发生的事故和对员工、社区健康的危害。 (2)对存在职业安全风险的工作环境,定期排查安全隐患,并采取有效防控措施。 (3)按照法律和行业标准、惯例,排查机器设备与操作人员之间的安全隐患,并采取有效的防控措施。 (4)根据法律和监管要求,根据工作安全级别安排对应的安全培训,给予员工反馈安全生产工作意见的渠道,听取员工意见或建议,及时改进	国际劳工组织: 《职业安全、健康和工作环境的公约》(1981年) 《国际能源宪章和条约》 《职业安全和卫生及工作环境公约》 欧洲能源交易商联盟:

续表

合规要素属性	合规要素一级	合规要素二级	主要合规义务	主要合规规则/依据
				《能源市场的核心原则》 英国： 《劳动安全卫生法》 美国： 《职业安全卫生法》 《矿业安全和卫生法》 日本： 《劳动安全卫生法》 《矿山安全法》 《劳动灾难防止团体法》 巴西：《劳工法》
	数据与信息安全合规	数据和隐私保护	(1)公司对其控制的数据应保护数据的可用性、完整性和机密性，对数据的保护措施应覆盖采集、存储、传输、使用、删除/销毁等全流程，并对数据可能产生泄露，做好应对措施。 (2)数据处理应符合公司所在国(地区)和业务所涉国(地区)对数据安全的法律规定和监管要求，应特别关注个人信息、未成年人信息、特殊数据的处理规定。 (3)个人信息的处理应当遵循合法、正当、必要原则，未经自然人或监护人同意，不得泄露或者篡改其收集、存储的个人信息。 (4)公司应保障个人对其信息的知情权、修改权利，当个人信息泄露时，应及时通知当地监管部门和数据信息的个人，以便数据主体及时采取措施	欧盟： 《通用数据保护条例》(GDPR) 《通用数据保护条例域外适用指南》 《网络安全法》 《个人数据保护比例原则指南》 《非个人数据在欧盟境内自由流动框架条例》 《通用数据保护条例标准合同条款》 经合组织《OECD关于重要活动数字安全的建议》 美国加州：《消费者隐私法》 美国纽约州：《制止黑客和促进电子数据安全法》 美国内华达州：《消费者隐私法》

合规要素属性	合规要素一级	合规要素二级	主要合规义务	主要合规规则/依据
				印度:《个人数据保护法》 波兰:《数据保护官实践指导手册》 爱尔兰:《〈通用数据保护条例〉下的个人数据泄露通知实用指南》
		网络与信息安全	(1)建设、运营网络或者通过网络提供服务,应当依照网络建设、运营以及数据来源所涉国的法律、行政法规的规定和国家标准的强制性要求,采取技术措施和其他必要措施,保障网络安全、稳定运行,具备应对网络安全事件的应急机制,防范网络违法犯罪活动,维护网络数据的完整性、保密性和可用性。 (2)使用网络应当遵守法律规定,遵守公共秩序,尊重社会公德,不得危害网络安全,不得利用网络从事危害国家安全、社会公共利益,不得侵害他人名誉、隐私、知识产权和其他合法权益等活动	业务涉及国家在网络与信息安全领域颁布的法律或监管规则
		公共信息利用	(1)根据公司所在国(地区)和业务所涉国(地区)对公共信息管理的法律规定和监管要求,依法办理公共信息获取申请、使用备案等手续。 (2)在法律允许范围内使用、保护公共信息	业务所涉国(地区)对于公共信息使用和管理的规定
其他利益相关方合规事项		消费者权益保护	(1)向消费者提供商品或者服务时,应当恪守社会公德,诚信经营,保障消费者的合法权益,对可能危及人身、财产安全的商品和服务,应当如实说明和明确警示。 (2)向消费者提供的商品或者服务质量、性能、用途、有效期限等信息以及消费者的提问,应当真实、全面,不得作虚假或者引人误解的宣传。 (3)不得设定不公平、不合理的交易条件,不得强制交易。 (4)公司应当听取消费者对其提供的商品或者服务的意见,设立收悉意见和反馈渠道,接受消费者的监督。 (5)公司提供的商品和服务质量、性能、用途、期限、价格、合同等应当符合业务所涉国(地区)的法律、行业标准、监管要求。 (6)公司不得对消费者进行侮辱、诽谤,不得侵犯消费者的人身权利	《10项良好行为准则》 欧共体:《为协调成员国关于有缺陷的产品的责任的法律、行政规定的指令》 美国:《能源法》 《统一产品责任示范法》 英国:《消费者权益保护法》 德国:《产品责任法》

续表

合规要素属性	合规要素一级	合规要素二级	主要合规义务	主要合规规则/依据
		社区保护	（1）参照《ISO 26000 社会责任指南》以及公司所在国（地区）（地区）对企业社会责任的要求，在价值导向、可持续发展、员工身心健康、利益相关者文化活动、员工子女教育等环节加强宣传，逐步形成有形制度文件与无形人文关怀。 （2）有效管控生产经营活动对社区的影响，加强社区沟通	《ISO 26000 社会责任指南》
		员工宗教、风俗等文化信仰保护	（1）公司管理人员、多数族裔/宗教信仰员工应尊重他人思想和宗教信仰自由，尤其是少数族裔/宗教信仰员工。 （2）不干预他人正常的宗教活动，不强迫其改变、放弃宗教信仰。 （3）采取包括制定制度在内的必要措施，鼓励员工理解并包容多元文化。	《公民权利和政治权利国际公约》
			（4）公司的管理人员应当尊重公司员工集会结社的权利，在法律允许的范围内，不干涉或阻碍他人组织或参与集会结社，并保障集会结社活动能够以合理的频次、有合适的场合进行	《国际劳工组织第87号公约》

参考文献

1. ISO 37301:2021 Compliance management systems—Requirements with guidance for use, First edition, 2021.
2. GB/T 35770—2022《合规管理体系 要求及使用指南》。
3. 中国认证认可协会:《管理体系认证基础》,高等教育出版社2019年版。
4.《中央企业合规管理办法》国务院国有资产监督管理委员会令第42号。
5. 雒宏伟:《反贿赂管理基本原则及ISO 37001标准各要素间的逻辑关系》,载《中国认证认可》2017年第11期。
6. 雒宏伟:《贿赂危险信号的识别和监控》,载《中国认证认可》2017年第11期。
7. 雒宏伟:《贿赂风险识别、分析和评价的方法》,载《中国认证认可》2017年第11期。
8. 雒宏伟:《ISO 37001诞生的背景和意义》,载《中国认证认可》2018年第5期。
9. 雒宏伟:《ISO 19600诞生的背景和意义》,载《中国认证认可》2018年第7期。
10. 雒宏伟:《合规管理体系的基本原则》,载《中国认证认可》2018年第7期。
11. 雒宏伟:《合规管理体系要素之间的逻辑关系》,载《中国认证认可》2018年第7期。
12. 雒宏伟:《合规管理体系过程分析》,载《中国认证认可》2018年第10期。
13. 雒宏伟:《运用〈合规管理体系指南〉贯彻〈中央企业合规管理指引〉》,载《新产经》2019年第1期。
14. 雒宏伟:《浅析〈企业境外经营合规管理指引〉》,载《新产经》2019年第2期。
15. 雒宏伟:《基于企业战略和全面风险管控的管理体系整合研究》,载《中国认证认可》2019年第6期。
16. 雒宏伟:《浅析风险管理的基本原则》,载《中国认证认可》2020年第3期。
17. 雒宏伟:《浅析基于ISO管理体系高级结构的全面风险管理体系框架》,载《中国认证认可》2020 年第 3 期。

18. 雒宏伟:《企业全面风险的识别、分析与评价》,载《中国认证认可》2020 年第 3 期。

19. 雒宏伟:《合规与风控、审计和法务之间关系的研究》,https://www.intertek.com.cn/service/CRAL,2022 年 10 月 30 日最后访问。

作者简介

雒宏伟

上海英格尔认证有限公司副总经理，ISO 37301 合规管理体系、ISO 37001 反贿赂管理体系、ISO 56002 创新管理体系、ISO 55001 资产管理体系和 ISO 31000 风险管理体系审核员培训教师。安徽大学法学院合规研究与评估中心研究员、上海对外经贸大学法律专业研究生校外导师。

长年致力于反贿赂管理、合规管理、资产管理、风险管理、创新管理领域的研究和开发，在《中国认证认可》《中国标准化》等重点杂志上发表了二十多篇论文。具备丰富的理论和实践经验，组织并主讲了国内首届 ISO 19600、ISO 37001、ISO 37301、ISO 56002 审核员培训班，主持并参与 ISO 37301、ISO 19600、ISO 37001、ISO 31000I、ISO 56002 和 ISO 55001 等相关课程的开发，为数百家大型企业提供相关的体系辅导、培训和认证服务。

主要研究成果：

- 《资产管理误区 VS 资产管理新理念》，载《中国认证认可》2016 年 10 期；
- 《论资产管理体系与质量》《环境和职业健康安全管理体系的联系以及在设备设施管理和审核方面的区别》，载《中国标准化》2016 年增刊"资产管理论文集"；
- 《反贿赂管理基本原则及 ISO 37001 标准各要素间的逻辑关系》《贿赂危险信号的识别和监控》《贿赂风险识别、分析和评价的方法》，载《中国认证认可》2017 年 11 期；

- 《战略性资产管理计划及其在污水净化行业的应用》，载《中国认证认可》2018年2期；
- 《ISO 37001 诞生的背景和意义》，载《中国认证认可》2018年5期；
- 《ISO 19600 诞生的背景和意义》《合规管理体系的基本原则》《合规管理体系要素之间的逻辑关系》，载《中国认证认可》2018年7期；
- 《合规管理体系过程分析》，载《中国认证认可》2018年10期；
- 《资产管理体系标准（ISO 55001:2014）与设备管理体系标准（PMS/T1-2018）的联系和区别》，载《中国认证认可》杂志2018年11期；
- 《运用〈合规管理体系指南〉贯彻〈中央企业合规管理指引〉》，载《新产经》2019年第1期；
- 《浅析〈企业境外经营合规管理指引〉》，载《新产经》2019年第2期；
- 《如何识别合规义务》，载《中国认证认可》2019年2期；
- 《基于企业战略和全面风险管控的管理体系整合研究》，载《中国认证认可》2019年6期；
- 《浅析风险管理的基本原则》《浅析基于ISO管理体系高级结构的全面风险管理体系框架》《企业全面风险的识别、分析与评价》，载《中国认证认可》2020年3期；
- 《ISO 56002:2019 诞生的背景和意义》，载《中国认证认可》2020年4期；
- 《创新管理体系的基本原则》《创新管理体系要素之间的逻辑关系》《浅析如何基于过程方法和风险管理建立和审核创新管理体系》，载《中国认证认可》2020年6期发表；
- 作为第一起草人，起草了由中国连锁经营协会2019年11月25日发布的国内一个反贿赂的团体标准——《连锁经营企业反商业贿赂管理体系成熟度自我评价指引》；
- 作为第一起草人负责编写国家标准《供电企业资产全寿命周期管理体系绩效评价》。

储育明

安徽大学法学院教授。先后担任中国法学会商法研究会常务理事、安徽省人民政府法律顾问、安徽省政府立法咨询员、安徽省检察院专家咨询委员、安徽省高院人民陪审员、安徽省知识产权法研究会理事。

自1988年7月在安徽大学法学院任教以来，长期从事经济法、民商法领域的教学和研究工作，并积极参与相关的法律实践工作，在公司法、证券法、商标法等方面的积累了丰富的理论和实践经验。在《法学研究》《中国法学》等刊物公开发表《驰名商标及其法律保护初探》《股票管理中的若干法律问题研究》等学术论文40余篇，合著/独著《中国商事法》《商法》《海峡两岸公司法比较研究》等著作10余部，主持或者参加各类研究项目10余项，获"陈香梅教育奖""安徽大学中青年教师优秀教学成果奖"、安徽大学"教书育人奖"等教学科研奖励多项。

主要研究成果：

1.《驰名商标及其法律保护初探》，载《法学研究》1990第5期。

2.《商标侵权行为的民事责任》(第一作者)，载《政治与法律》，1991年第4期。

3.《关于商标国际注册制度的探讨》，载《国际贸易问题》1991年第9期。

4.《股票管理中的若干法律问题研究》，载《中国法学》1992年第2期。

5.《试论我国股票立法的基本原则》，载《法律科学》1992第2期。

6.《关于商标近似判断问题的探讨》，载《现代法学》1991第5期。

7.《关于建立商标确权行为司法审查制度的探讨》，载《政法论坛》1996第1期。

8.《外国厂商抢先注册我国出口商标现象的防范与救济》，载《法学评论》1996第2期。

9.《关于完善外商投资有限责任公司注册资本制度的探讨》，载《法商研究》1996第2期。

10.《关于建立现代外商投资企业制度的立法思考》，载《法制与社会发展》1996第4期。

11.《有限责任内涵的实证分析——一种公司损失分摊的法律规则》，载《河北法学》2012年第1期。

12.《企业合规理论与实践》(合著)，法律出版社2022年版。